LA PHILOSOPHIE

DU COEUR.

LA PHILOSOPHIE

DU COEUR.

PAR M. DUWICQUET D'ORDRE, FILS.

Miseris succurrere disco. (VIRG.)

A PARIS,

Chez
{
PICHARD, libraire, quai Voltaire, N°. 21.
REGNARD, rue Caumartin, N°. 12.
BRIGITTE-MATTHEY, Cabinet littéraire, cour du Palais-Royal.
}

DE L'IMPRIMERIE DE MICHAUD FRÈRES,
RUE DES BONS-ENFANTS, N°. 34.

1811.

Extrait du décret *du 19 juillet 1793, concernant les contrefacteurs et débitants d'éditions contrefaites.*

Art. III. Les officiers de paix, juges de paix ou commissaires de police, seront tenus de faire confisquer, à la réquisition et au profit des auteurs, compositeurs, peintres et dessinateurs, et autres, leurs héritiers ou cessionnaires, tous les exemplaires des éditions imprimées ou gravées sans la permission formelle ou par écrit des auteurs.

Art. IV. Tout Contrefacteur sera tenu de payer au véritable Propriétaire une somme équivalente au prix de trois mille exemplaires de l'Édition originale.

Art. V. Tout Débitant d'Édition contrefaite, s'il n'est pas reconnu Contrefacteur, sera tenu de payer au véritable Propriétaire une somme équivalente au prix de cinq cents exemplaires de l'Édition originale.

~~~~~~~~~~

Les exemplaires prescrits ayant été déposés, et toutes les autres formalités voulues par les lois ayant été remplies, la propriété exclusive de cet Ouvrage nous est garantie. En conséquence, nous traduirons devant les Tribunaux les Contrefacteurs, Distributeurs ou Débitants d'Éditions contrefaites; et nous assurons à la personne qui nous les fera saisir, la moitié du dédommagement accordé par la loi.

L'on doit regarder comme de contrefaçon, tout Exemplaire qui ne serait pas revêtu de la Signature ci-dessous ; et quiconque la contrefera, encourra les mêmes peines que les Faussaires.

Davicquet

AVERTISSEMENT.

L'ouvrage que je livre aujourd'hui à l'impression, a été commencé durant les accès d'une fièvre aigüe, et il a été achevé lorsque j'avais devant les yeux le spectacle de la douleur et de la mort.

Je cherchais à soulager mon cœur en exprimant une partie des sentiments dont il était agité; c'est pourquoi la plupart de mes récits portent l'empreinte d'une mélancolie profonde. C'est toujours à Sophie, à la femme aimable et sensible qui a uni son sort au mien, que je les adresse : elle seule avait le pouvoir de dissiper les sombres nuages qui se formaient autour de moi.

Je n'essaierai pas de lui faire la description d'un palais, d'un temple, d'une cité

partout les merveilles de l'art se ressemblent,
tandis que celles de la nature se reprodui-
sent sans cesse sous des formes différentes
et variées à l'infini.

Il y aura très-peu de liaisons entre les
différents chapitres ; mais il me semble que
joints avec plus de méthode, ils ne seraient
pas les effusions du cœur.

LA PHILOSOPHIE

DU COEUR.

A SOPHIE.

VIENS, ma tendre amie, asseyons-nous sur le gazon, au pied de ce vieux chêne; pendant que tes regards suivront le cours de ce ruisseau qui serpente à travers les aunes et les coudriers, je te parlerai de mes voyages. Les récits que je t'en ferai commenceront au moment où la destinée m'éloigna de ces lieux chéris, où je te vis pour la première fois, et où ta bouche charmante prononça le serment que tu serais à moi pour la vie.

Donne-moi ta main, que je la presse et que je la place sur mon cœur. O ma tendre

amie! un mouvement involontaire me rap-
proche de toi quand je me rappelle le temps
et la distance qui nous ont séparés. Des tor-
rents rapides, des montagnes hérissées de
rochers et de glaces, de sombres forêts et
d'affreux précipices semblaient avoir mis
entre nous une barrière insurmontable.

Je te revois enfin!... Dieu! ne permet-
tez plus que je m'éloigne de Sophie, de
celle qui embellit mon existence, et dont
les doux rapports de la sympathie assurent
mon bonheur! Puissé-je, fidèle aux bords
qui m'ont vu naître, et à mes pénates chéris, n'avoir plus à raconter à Sophie de nouveaux voyages!

~~~~~~

LA VALLÉE DE FRICDEN.

———

Aprés une promenade délicieuse que j'avais faite, en suivant le cours de la rivière qui arrose la charmante vallée de Fricden, je me trouvai à l'entrée d'un cimetière.

Ma promenade d'aujourd'hui, me disais-je, est l'emblême de la vie humaine : je viens de rencontrer le terme marqué à nos espérances, à nos craintes, à nos peines et à nos plaisirs. Les douceurs de l'amitié et les délices de l'amour ne peuvent éloigner d'un seul instant ce terme fatal.....

Je pensai à vous, ô mon père! je pensai à toi, ô ma Sophie! et des pleurs vinrent mouiller mes paupières.

D'un pas silencieux, je m'approchai de l'antique église, au moment où le soleil, vers la fin de sa carrière, réfléchissait encore ses derniers rayons sur le toit d'azur et sur les vitraux colorés ; l'air était ému des vibrations d'une cloche plaintive, et tout semblait disposer l'ame à la tristesse et à la méditation.

J'entrai dans l'enceinte du cimetière : ce n'était plus le lugubre séjour des morts qui s'offrait à mes regards attristés ; mais un parterre où l'on voyait autour de chaque fosse, des touffes d'œillets et de jonquilles, des rosiers et des jasmins qui répandaient leurs doux parfums. Je me crus tout à coup transporté au milieu des bosquets et des riants jardins de Flore.

Quelle manière touchante et ingénieuse d'exprimer son respect et son amour pour les morts !

Le lilas, qui penche ses rameaux fleuris au-dessus de la tombe, me semble un trophée plus précieux que ces lames rouillées et ces piques meurtrières, emblêmes du carnage.

Séduit un instant par les illusions de la métempsycose, le père, en cultivant un laurier sur la fosse de son fils, s'imagine prendre soin des jeunes années du héros mort en défendant sa patrie; et l'amant, en respirant une rose sur la tombe d'une amante adorée, croit respirer son ame pure et virginale. Cette fleur pour lui est devenue sacrée; chaque jour elle reçoit le tribut de ses soins et de ses pleurs; il veille à sa conservation, et, quand il lui voit subir le sort commun aux hommes et aux plantes, il semble qu'on lui enlève une seconde fois l'objet de son amour.

Livré à des réflexions mélancoliques, je parcourais religieusement ce parterre de la mort; quelquefois j'apercevais des fosses couvertes d'orties et de ronces sauvages; je me disais : Ici, sans doute, est rendu à la terre un méchant ou un égoïste.... le malheureux n'avait pas un ami ! c'était peut-être aussi un voyageur inconnu dans ces contrées, qu'un destin cruel avait fait pé-

2

rir loin de sa famille et de ceux auxquels il était cher.

Ah ! qu'il est à plaindre celui qui, loin de sa patrie, exilé sur des bords étrangers, lorsqu'il est prêt à fermer les yeux, ne voit autour de lui que des objets indifférents; et, semblable à Rousseau, ne peut adresser ses adieux qu'au soleil !

Je m'arrêtai devant une tombe entourée des plus belles fleurs, et recouverte d'une grosse pierre que l'art avait façonnée, sur laquelle je lus l'épitaphe suivante :

> L'ami des champs sommeille dans la tombe ;
> Près des cités on ne le voyait pas.....
> O voyageur ! porte plus loin tes pas.....
> S'arrête-t-on pour la feuille qui tombe ?

Celui qui fit cette touchante épitaphe, et celui qui en fut le sujet, étaient, sans doute, des êtres sensibles et malheureux.

Je tirai mes tablettes, et tandis que je copiais ces vers, j'aperçus le fossoyeur debout, appuyé sur sa pioche, qui me considérait attentivement.

« Apprenez-moi, lui dis-je, qui était celui que renferme ce modeste tombeau.

— J'ignore, monsieur, répondit le fossoyeur, son nom, son âge et son état ; j'ai
seulement entendu dire qu'il était né sur
les bords du Tage : il n'y a pas long-temps
qu'il habitait cette vallée.

— Mais, dans votre village, quel est le
poète qui a composé son épitaphe ?

— Lui-même, quelques heures avant sa
mort.

— Il était donc seul et sans amis ?

— Pardonnez-moi, monsieur, il avait avec
lui sa femme, qui ne l'a pas quitté un seul
instant pendant le cours d'une maladie
longue et douloureuse, que l'on présume
avoir été causée par le chagrin. Sa femme
vient ici chaque jour prendre soin des fleurs
que vous voyez sur cette tombe ; et là elle
reste des heures entières à genoux, les mains
jointes, à prier et à répandre des larmes. Je
n'ai rien vu d'aussi beau et d'aussi intéres-
sant que cette femme. Quand elle est devant

2..

le monument, on la croirait un ange descendu du ciel.

—Je voudrais bien connaître cette femme
intéressante par ses malheurs et sa beauté.

—Vous le pouvez ; le jour commence à
baisser : aussitôt que le soleil sera descendu
derrière ces hautes montagnes, vous la ver-
rez venir ; mais tenez-vous caché derrière
ces cyprès ; car, si elle vous apercevait, elle
s'en irait aussitôt. La rencontre des hommes
la fait fuir, et celle d'un étranger l'effraye-
rait. »

J'allai m'asseoir au pied d'un grand if.
Je me rappelais cette touchante élégie de
Gray, qui commence par ce vers :

« The cur-few tolls the Knells of parting day. »

Mille pensées mélancoliques occupaient
mon esprit qui, tantôt se reportait vers le
passé, tantôt anticipait sur l'avenir : ainsi
la feuille entraînée par le cours de l'eau,
est tantôt poussée vers une rive, tantôt vers
l'autre.

Les anciens se plaisaient à rappeler les images de la mort dans leurs fêtes, dans leurs chants, au milieu de leurs festins. Jouissons du présent, disaient-ils ; demain peut-être nous ne serons plus Cette philosophie semble fondée sur l'égoïsme ; elle bannit la sensibilité.

L'aspect de la mort n'a rien qui m'effraie ; mais puis-je, avec la même indifférence, songer que toutes les personnes qui me sont chères vont bientôt m'être enlevées ?

Ah ! Sophie, Sophie ! une telle pensée me déchire le cœur.

Le soleil était couché, la fraîcheur de la nuit tempérait la chaleur du jour, le ciel était serein, le plus grand calme régnait dans la nature, et le seul bruit que l'on entendait par intervalles, était l'annonce de l'heure que frappait le marteau sur l'airain sonore et les cris lugubres de quelques oiseaux de nuit retirés dans le clocher de la vieille église.

La lune répandait ses pâles rayons sur les

tombeaux, les sombres ifs et les mélèzes
de forme pyramidale ; bientôt un bruit léger se fit entendre, et j'aperçus la jeune
femme qui avait excité en moi bien moins
le sentiment de la curiosité que celui de
l'intérêt le plus tendre.

Elle était belle ; joignait à la démarche la
plus noble quelque chose de touchant ; ses
traits portaient l'empreinte d'une tristesse
si profonde, qu'il me serait difficile de
rendre ce que j'éprouvai en la voyant. Elle
ressemblait à une de ces ombres, dont l'i-
magination des poètes a peuplé l'Élysée.
Elle s'approcha du tombeau, en fit trois
fois le tour, en répandant des fleurs qu'elle
avait dans une corbeille, puis elle se mit
à genoux, et, les mains jointes, la tête pen-
chée au-dessus de la tombe, elle demeura
quelque temps aussi immobile que ces
figures de marbre qui servent d'attributs
aux monuments que l'orgueil et l'intérêt
élèvent à la grandeur.

Je n'étais pas assez près de cette infor-

tunée pour voir couler ses pleurs, mais
j'entendis ses sanglots entrecoupés ; je la
vis se lever, et de son voile essuyer la pierre
qui couvrait l'objet de son amour et de
ses regrets. Ensuite elle fixa les yeux sur
les fleurs qu'elle avait plantées autour de
la tombe ; elle cueillit une rose, la pressa
sur ses lèvres et la mit dans son sein.

Un mouvement involontaire m'entraîna
vers cette femme intéressante; elle m'aperçut, et, voulant échapper à mes regards,
elle s'enfuit et disparut dans les massifs
d'arbres verts.

Je n'osai point la suivre, mais en sortant du cimetière, je trouvai un porte-
feuille. Je m'empressai de le ramasser.

Me serait il permis de l'ouvrir, me disais-je!

Non, je ne le dois pas ; s'il contenait
un secret..... Eh bien! je ne le trahirais
pas ; peut-être aussi me mettrait-il à même
de pouvoir être utile au malheur.

Cette dernière considération me décida :
j'ouvris le porte-feuille.

ADOLPHE ET ATHENAÏS.

Lisbonne, le.....

Il me tarde bien de quitter les bords magnifiques du Tage pour voler dans les bras de mon Athenaïs. Loin d'elle je suis semblable au voyageur qui traverse le désert : il n'aperçoit rien autour de lui, aucun son ne frappe son oreille ; mais il songe qu'il va revoir les objets qui lui sont chers, et cette pensée peut seule l'occuper.

Quelquefois un destin cruel se plaît à trahir son espoir...... O Dieu, éloignez de moi de tels pressentiments !

Bientôt je serai près de ma tendre amie, rien ne s'oppose plus à mon retour ; mais un jour passé loin d'Athenaïs est un siècle pour Adolphe.

Lisbonne, le.....

O ma chère Athenaïs, quel malheur cruel
ai-je à t'apprendre ! le respectable vieillard
qui prit soin de mon enfance, et qui me
tint lieu de père, a cessé d'exister. Il est
mort sous le poignard des assassins.

Hier il était sorti seul pour aller à Villa-
Verona ; il devait ne revenir que le soir ;
j'allai au-devant de lui ; vers le milieu du
bois, près d'un chemin qui se croise, j'a-
perçus....... O mon Athenaïs, comment
t'exprimer l'effroi et l'horreur dont je fus
saisi à l'aspect de mon meilleur ami étendu
sur l'herbe et percé de coups ! Sa tête respectable était couverte de sang, ses mains
et ses vêtements en étaient teints. Je me
précipitai sur le corps de mon bienfaiteur,
je l'arrosai de mes larmes ; et, dans l'espoir
de ranimer un souffle de vie, je fis, pour le
relever, d'inutiles efforts. Je vis venir de
loin des voyageurs, et je leur fis signe d'a-
vancer : aussitôt qu'ils m'aperçurent, au lieu

de m'apporter du secours, ils changèrent de route, et partirent avec la rapidité de leurs coursiers. La nuit avançait, il fallait que je prisse un parti; je me décidai à retourner à la ville.

Je n'y resterai que le temps nécessaire pour rendre les derniers devoirs à l'amitié et à la reconnaissance.

Que ne suis-je auprès de toi ! Ce n'est que dans les bras de mon Athenaïs, que je puis soutenir les coups affreux du sort.

Lisbonne, le......

Quelle horreur ! tout mon sang se glace dans mes veines...... O comble de la perversité des hommes !.... frémis..... frémis, Athenaïs, c'est ton époux, c'est l'enfant adoptif du vieux Montémayor que l'on ose accuser d'avoir été son assassin.

Un homme qui se disait mon ami est venu chez moi ce matin..... Fuyez, m'a-t-il dit, emportez avec vous ce que vous avez de plus précieux; ne perdez pas un instant;

des ordres sont expédiés pour vous arrêter; vous êtes fortement soupçonné d'a-
voir commis le crime. On dit que toute
la fortune de Montémayor devient votre
héritage.

Moi, fuir ! m'écriai-je avec indignation,
plutôt souffrir mille fois la mort..... Quoi!
je laisserais planer sur ma tête des soupçons aussi odieux que ma fuite semblerait
justifier..... Non, jamais, jamais..... celui qui ose me donner un semblable conseil ne peut être mon ami ; ce n'est qu'un
lâche..... Sortez..... Toi, l'ame de ma vie,
toi, la compagne de mon enfance, toi, qui
as lu dans mon cœur jusqu'au moindre
mouvement qui l'agitait, aurais-tu pensé,
Athenaïs, qu'un jour j'aurais été accusé du
crime le plus noir, le plus atroce ? Tantôt
mon sang se glace dans mes veines, tantôt
il bouillonne, il s'enflamme ; je ne pleure
plus la mort terrible de l'ami qui m'a élevé
l'excès de la douleur a séché la source
de mes larmes. Je promène autour de moi

des regards inquiets..... je crois que j'ai l'air
d'un criminel.

Pardon, mon Athenaïs, si je répands
dans ton sein une partie du poison qui me
dévore.

Je ne te reverrai point aussitôt que je
l'espérais ; et, cependant, toi seule es capable de verser sur mes blessures un baume
consolateur.

L'opprobre qui me poursuit va retomber
sur ta tête. On voudra forcer Athenaïs à
rougir de son époux. Répète-moi, Athenaïs, que tu m'aimeras toujours, que tu
m'estimeras, que tu me plaindras, et que
tu ne rougiras jamais du malheureux que
le ciel semble vouloir accabler de son courroux. Adieu, Athenais, adieu !

Lisbonne, le.....

Chaque fois que je t'écris, c'est pour
porter un coup à ton ame sensible. O
ma tendre amie ! rassemble tes forces, ap-

pelle ton courage pour entendre encore de nouveaux malheurs.

Ton époux n'est plus libre ; il gémit dans les prisons ; il ne peut venger son honneur qu'on outrage ; ses amis l'ont abandonné.

Les lâches ! ils n'osent prendre ma défense ! ils rougiraient de prononcer mon nom ; et, semblables à ce disciple qui, voyant son maître livré à la fureur des juifs, le renia trois fois, ils répondent, quand on les interroge sur ma vie : *Nous ne connaissons pas cet homme.*

Mes ennemis lèvent impunément la tête ; ils ourdissent, pour me perdre, des trames perfides ; ils ont entraîné dans leur parti ces hommes qui attendent toujours, pour avoir une opinion, qu'elle soit devenue celle du plus grand nombre.

Les nuages se rassemblent, l'orage se forme au-dessus de ma tête ; il est prêt à éclater ; mais rassure-toi, ma tendre amie, il est un Dieu ; ce Dieu est juste, et il fait

3

retomber sur le méchant les desseins qu'il avait formés pour perdre l'innocence.

Lisbonne , le.....

Lorsqu'un vase est rempli , si l'on y verse encore de l'eau , il s'épanche, l'eau se répand , et les bords sont inondés : il en est de même de notre ame : elle peut supporter une certaine mesure de peines , et puis elle tombe dans le désespoir.

O mon Athenaïs! oserai-je te peindre une partie des tourments que j'éprouve? Tous les malheurs semblent se réunir pour m'accabler.

Ce matin , mon geolier est entré dans ma prison ; cet homme farouche avait l'air joyeux et satisfait ; il m'a dit en souriant : *Suivez-moi*. J'ai cru qu'il venait m'apprendre que j'étais libre..... il venait me tirer de ma prison pour me conduire au fond d'un cachot ténébreux.

Les poëtes de l'antiquité n'auraient pas eu besoin, pour peindre un lieu de supplice, d'inventer le Tartare, s'ils avaient habité un cachot : l'affreux cerbère qui me garde, et qui craint sans doute que je ne sois pas encore assez malheureux dans ce séjour horrible, vient de me ravir la seule consolation qui me restait, celle de pouvoir m'entretenir avec mon Athenaïs. O ma tendre amie ! dans ce séjour de la douleur, confondu avec les criminels, abreuvé d'opprobres, il me reste encore ton amour : je n'ai pas tout perdu !

Lisbonne, le.....

Du fond d'un noir cachot, à la lueur d'une lampe sépulcrale, libre un instant de mes fers, j'écris à mon Athenaïs.

O ma tendre amie, rappelle ton courage, ta piété et ta résignation.

Que sommes-nous dans ce monde ? de frêles arbrisseaux exposés sans cesse à tous les vents, et toujours prêts à être déracinés par la tempête ; mais tandis que mon front s'incline sous le poids de l'adversité, je

3..

pense qu'il est un Dieu juste et puissant qui
me tendra une main secourable : il procla-
mera mon innocence ; il la fera connaître à
mes juges, et il dissipera les soupçons qui
errent autour de moi, de même que le soleil dissipe les vapeurs d'une fraîche matinée.

Ils n'ont pas fui pour ne plus revenir,
ces beaux jours que j'ai passés avec ma tendre amie, ces jours de paix et d'union où
l'amour embellissait chaque instant de notre
existence, et semblait nous promettre un
bonheur durable.

Les souvenirs enchanteurs et l'espérance,
compagne fidèle des malheureux, viennent
s'offrir à mon imagination exaltée, et me
font résister aux tourments que j'éprouve.
Il en est un bien cruel ; c'est celui de songer
aux vives inquiétudes de mon Athenaïs, à
sa douleur, à son désespoir.

J'ai reconnu des ennemis puissants qui
conspirent en secret ma perte. Je tremble de
t'avouer que je soupçonne Regio d'être à
leur tête.

Tu as autrefois rejeté ses vœux et l'offre de sa fortune ; je me suis battu avec lui, et mon épée servit ma haine ; il était le parent le plus proche de Montémayor, et ce respectable vieillard, préférant les nœuds de l'amitié à ceux du sang, me choisit pour son fils adoptif, et me fit son unique héritier. Regio, sous des dehors séduisants, cache l'ame la plus noire : la haine, la vengeance, la jalousie, tout en lui autorise mes soupçons ; cependant, ils sont si horribles, que je n'ose m'y arrêter. Mais pourquoi m'aurait-il donné d'abord le conseil de fuir, s'il n'avait voulu me perdre ?

La mort n'est rien pour le brave : je l'ai cherchée cent fois dans les champs de l'honneur ; mais mourir sur un échafaud, mourir couvert d'opprobre !... Il est des instants où tout mon courage m'abandonne.

Un bruit sourd et lugubre se fait entendre ; la triple porte de mon cachot tourne sur ses gonds, s'ouvre et se ferme aussitôt.

C'est le geolier, dont la cupidité le fit

3...

consentir à me délivrer de mes fers, qui
vient avec empressement me les remettre....
Quelle horreur ! quelle destinée affreuse !...
Ah ! je saurais bien m'en délivrer, s'il n'existait pas un Dieu, et si je n'étais pas l'époux
d'Athenaïs.

Des montagnes de la Siera, le....

Solitaire et retiré depuis des années au
pied de ces montagnes, pour ainsi dire inac-
cessibles au voyageur, les nouvelles sont toujours tardives, et c'est par ta lettre, chère
et malheureuse fille, que j'ai appris le sort
de ton époux. Jamais un seul instant je ne
croirais Adolphe coupable du crime affreux
pour lequel il vient d'être condamné ; j'ad-
mire ton courage et je bénis le ciel de t'avoir
secondé. Femme généreuse, en bravant tout,
tu es parvenue à faire échapper Adolphe du
fond de son cachot, quelques instants avant
qu'on ne le conduisît à une mort cruelle et
ignominieuse. Fidèle à ton époux, tu aban-
donnes pour lui ton vieux père, le pays où

tu as vu le jour, tu quittes tout ; et bientôt
plusieurs centaines de lieues vont nous séparer : hélas ! à mon âge, c'est pour toujours.
Je ne te blâme point , ma fille, mais je m'af-
flige. Si j'avais encore conservé les forces de
ma jeunesse , j'irais rejoindre Adolphe et
Athenaïs ; mais je ne puis plus former que
des regrets et des vœux impuissants.

Reçois , ma fille, la bénédiction d'un
père qui t'aime tendrement ; assure ton
époux de mon estime et du vif intérêt que
je prends à son sort.

Lisbonne, le....

Madame, combien je regrette que votre
époux, que mon ami, que le malheureux
Adolphe ne soit plus ! Son ame sensible n'a
pu supporter les atteintes de l'atroce calom-
nie, tandis qu'il en était la victime dans une
terre étrangère. A l'instant où il cessait d'exister, son innocence était proclamée dans sa
patrie.

L'assassin de Montémayor est reconnu,

et il a subi dans les supplices une partie des châtiments dus à ses crimes : c'est le traître Regio ; c'est par les perfides insinuations de ce monstre qu'Adolphe a été condamné.

Je m'empresse de vous informer qu'un nouveau jugement venge son honneur outragé, et vous remet en possession de ses biens.

J'espère, madame, que votre patrie ne sera plus long-temps privée de votre présence ; elle plaint les malheurs de votre époux et rend à vos vertus, à votre constance, à votre noble dévouement le tribut du respect et de l'admiration.

Des montagnes de la Siera, le......

Pourquoi veux-tu, ma chère fille, rester dans une terre étrangère, où chaque objet te rappelle sans cesse Adolphe et tes malheurs ! Reviens, reviens près de ton vieux père ; il n'a plus que toi au monde ; chaque jour il adresse au ciel des prières pour qu'il

te ramène près de lui ; la profonde solitude
dans laquelle je suis enseveli aura pour toi
des charmes ; rien n'y troublera ta douleur,
nous parlerons d'Adolphe.

Tu as tout fait pour un époux ; fais aussi
quelque chose en faveur d'un père.

Athenaïs, je t'en conjure, prends pitié
de mes cheveux blanchis par l'âge et les
chagrins. Tes lettres font couler des larmes
dont je croyais depuis long-temps la source
tarie. Ne me répète plus ces paroles déchirantes :

«Jamais je ne quitterai la terre sacrée
» qui nous a donné asyle et qui renferme
» les restes mortels de mon Adolphe. J'ai
» dit aux bords du Tage, et même aux mon-
» tagnes de la Siera, un éternel adieu; je
» n'ai d'autre patrie que la terre où repose
» mon époux. Je croirais le perdre une se-
» conde fois, si je devais m'éloigner de son
» tombeau. O mon père! c'est là que votre
» fille vient chaque jour entretenir sa dou-
» leur. Je vis dans le passé et dans l'avenir.

» Pardonnez-moi, mon père; le seul espoir
» qui me reste, le seul vœu que je forme,
» c'est celui de reposer bientôt auprès d'A-
» dolphe. »

Ah ! rappelle-toi, Athenaïs, les tendres
soins que j'ai pris de ton enfance; avec
quel plaisir je te voyais croître, et combien
de fois je t'ai répété avec ravissement: Ma
fille sera le soutien de ma vieillesse; elle
dirigera mes pas chancellants; elle embellira
le crépuscule de mes jours; elle fera le
charme de mon existence.... Veux-tu tromper ce doux espoir, dont si long-temps je
me suis bercé?.... Hâte-toi de revenir; et
que la douleur d'avoir perdu un époux ne
prive pas ton père de revoir sa fille chérie.

VERS *composés par* A D O L P H E, *la veille*
de sa mort.

Adieu, le charme de ma vie,
Adieu, mes fidèles amours,
Adieu, ma douce et tendre amie,
Je vais te quitter pour toujours.

Sans moi, sur ces rives lointaines,
Dans la douleur tu vas languir :
Cette pensée accroît mes peines ;
Elle me fait deux fois mourir.

La main que presse encor la mienne
Bientôt me fermera les yeux ;
Alors que plus rien ne retienne
Mon Athenaïs dans ces lieux.
Pars, retourne dans ta patrie ;
Un père implore tes secours ;
Ah ! rends-lui sa fille chérie,
Le seul espoir de ses vieux jours.

Sur les bords où tu pris naissance
Ne crains plus nos persécuteurs :
On connaîtra mon innocence,
Ton dévouement et nos malheurs.
Puisse le temps sécher tes larmes !
Et puisse un jour mon souvenir
Pour toi toujours rempli de charmes,
Ne plus t'arracher qu'un soupir !

LE BARDE.

Qu'il est doux, quand le soleil, sous le
signe du lion, darde ses rayons perpendi-
culaires, de pouvoir reposer sa tête sur des
tapis de mousse, à l'ombre d'un arbre épais
qu'entourent le chévre-feuille et l'églantier!

Les essaims de moucherons qui semblent
former dans les airs des danses et des combats, voltigent devant mes yeux ; le bour-
donnement des insectes se mêle au bruit
que fait le zéphir, en se jouant parmi les
feuilles ; et, au murmure d'un ruisseau qui
serpente à travers les saules pleureurs et
l'osier flexible, Morphée secoue sur mes
paupières ses pavots assoupissants.... Mais
un Barde s'avance, il porte sa guitare, un
chien conduit ses pas incertains ; hélas! tel

que le fils de Fingal, le chantre de Morven,
ce barde a perdu la lumière.

Il vient chercher sous ces berceaux un
asyle contre les feux du midi, et va se placer non loin de moi.

Le malheur, bien plus que l'âge, semble
avoir sillonné son visage, qui a conservé
quelque chose de noble et de touchant. Il
s'imagine être seul ; et, donnant un libre
cours aux pensées qui oppressent son cœur
agité, il parle ainsi :

« O toi, le père, le bienfaiteur des hommes!
comment peux-tu permettre qu'il en existe
d'aussi malheureux que moi ? Tu m'as laissé
les yeux pour verser des pleurs sur les êtres
qui m'étaient plus chers que la vie ; et quand
je suis resté seul sur la terre, sans aucun
ami, sans savoir où reposer ma tête, tu me
prives à jamais de la lumière! Pour moi la
nature est toujours enveloppée de sombres
brouillards, et je ne m'aperçois de son réveil
que par le chant des oiseaux que réjouit le
lever du soleil. Astre brillant! ce n'est plus

pour moi que, sortant des portes de l'O-
rient, tu verses sur l'horizon tes faisceaux
d'or et d'azur. Les champs couverts de
blonds épis, ces jardins dessinés avec tant
d'art sont changés pour moi en de tristes
déserts. Je cherche en vain le lis de la vallée, et le lilas, ornement des bosquets; je ne
rencontre que le chardon hérissé de dards
et la ronce déchirante.

» Que j'envie le sort de ce oiseaux! le retour de la lumière les remplit d'allégresse,
et leurs chants de joie et de reconnaissance
montent vers les cieux.... et moi aussi, je
chante; mais c'est quand le chagrin m'accable, quand le besoin me poursuit, quand,
pour obtenir le faible tribut de la pitié, je
traverse les cités opulentes, en tirant de ma
guitare des sons plaintifs et douloureux. La
misère a tari en moi la source du génie; il
s'éteint, et de mon ame de feu il ne jaillit
plus que des éclairs passagers.

» L'on ne voit pas le châtaignier dont un
ver rongeur attaque la racine, pousser de

verts rameaux ; privé de la sève vivifiante,
il incline vers la terre sa tête sans vigueur.

» Je ne vis plus que dans mes souvenirs et
dans l'espoir d'un terme aux maux que j'en-
dure. Pourquoi se rappeler des jours bril-
lants qui ne font que rendre mon sort plus
affreux ? J'ai tout perdu, amis, fortune,
talent : privé de la lumière, je suis errant et
abandonné sur la terre ; toi seul, mon pauvre Azor, t'intéresses à mon existence ; ô
mon fidèle compagnon ! si tu pouvais lire
au fond de mon ame, tu guiderais mes pas
vers la roche escarpée, et tu m'entraînerais
au fond du torrent.

— » Enfant du malheur et des muses, m'é-
criai-je, ne t'abandonne pas au désespoir ;
l'homme juste et courageux n'est pas esclave
de la destinée ; il oppose à ses coups deux
filles du ciel toujours prêtes à le secourir :
la patience et la résignation.

— » Etranger, répondit-il avec feu, la pitié
de l'homme sensible est le meilleur baume
pour adoucir les blessures d'un cœur ulcéré ;

4..

mais je ne rencontre que cette pitié cruelle de l'homme vain qui déchire la plaie qu'il veut sonder. »

Je me rappelai le temps où, dans la force de la jeunesse, je fus une fois menacé de perdre ces yeux qui ont tant de plaisir à se reposer sur Sophie. Tu me serras la main, et tu me dis tendrement : O mon ami! tous les malheurs ensemble ne t'accableront pas ; l'amant de Sophie, quoique privé de la lumière, n'en deviendra pas moins son époux. J'appuyai alors ta main sur mon cœur, et nous jurâmes que rien ne pourrait nous séparer.

J'engageai le barde à vouloir bien m'accompagner à la ville voisine ; pendant le repas, je l'entretins d'Homère, d'Ossian et de Milton, et je tâchai de faire en sorte qu'il ne rougît pas en acceptant ma modeste offrande.

~~~~~~~~~~~~~~~~~~~~~~~~~~~~~~~~~~~~~~

LE HAMEAU.

Que j'aime l'aspect de cette vieille église, bâtie sur le penchant de la montagne, et qui domine le hameau ! Ce modeste portail, revêtu de lierre, cette tour carrée, cette voûte sombre, cette nef qui forme la croix, ce chœur avec cet autel surmonté de l'image du patron, m'inspirent des pensées religieuses.

Non loin du temple est l'humble presbytère, asyle sacré des malheureux ; un tilleul, planté devant la porte et entouré de bancs, invite le voyageur à se reposer sous son ombre, et semble servir d'enseigne à l'hospitalité.

La cheminée de M. le curé fume davantage et plus souvent que toutes celles du

hameau : n'en soyons pas surpris ; l'étranger
et l'indigent ont des droits à son feu. Il n'a
pas beaucoup de richesse et guère plus d'é-
loquence; mais n'écoutant que son cœur,
il est également prodigue de ses revenus,
de ses sermons et de ses conseils.

Le dimanche , à l'église , on entend le pasteur :
Ce n'est pas un savant, ce n'est pas un docteur,
Qui toujours sur la loi, le dogme et la morale,
Sème et répand des fleurs d'une main libérale,
Qui, dans chaque discours, offre à notre raison
L'exorde, les deux points et la péroraison ;
Mais c'est un homme droit, ami de la justice,
Qui ne peut, sans courroux, voir et nommer le vice ;
Qui, les yeux allumés d'une sainte fureur,
Nous prêche la vertu comme on crie au voleur.

A côté du presbytère est la maison du
maître d'école ; le tapage horrible qui s'y
fait entendre ne permet pas que l'on en
doute : c'est là que siége sur un trône, entouré de pavots, le grave pédant qui tient
d'une main la férule, et de l'autre le sceptre
de l'ignorance.

Parmi cette multitude de jeunes plantes confiées aux soins d'un jardinier peu habile, il en est peut-être qui, mieux dirigées, feraient un jour l'ornement de nos bosquets; mais ici la sensitive et le houx reçoivent la même culture ; on n'établit aucune différence entre la violette et l'ortie.

Une autre espèce de bruit appelle mon attention, c'est celui d'un moulin à l'eau. Cette grande roue, couverte de mousse et d'écume, qui tourne avec rapidité ; cette meule qui crie en écrasant le grain ; cet entonnoir qui conduit la farine dans le sac, tout cela m'intéresse bien plus que l'immense machine de Marly, si compliquée, et qui a coûté tant de millions.

A la porte du moulin est l'âne, animal doux et patient. Sterne lui a consacré un charmant chapitre ; et moi, qui n'ai pas l'esprit ingénieux de l'auteur anglais, je donnai à l'animal pacifique du pain et sa plante favorite.

Plus loin, je vois le forgeron devant son

enclume qui fait étinceler le fer sous les coups cadencés d'un lourd marteau ; ici le charron courbé, la hache à la main, fabrique les instruments agricoles.

Quelques cabanes couvertes de chaume, où l'indigence se cache sous les dehors riants de la propreté, sont éparses çà et là dans la vallée.

Ces massifs de sapins qui semblent sortir des toits ; ce ruisseau bordé de peupliers et de platanes, qui arrose, en serpentant, de vertes prairies, et ces champs, couverts de riches moissons, présentent un paysage délicieux.

Les sons des pipeaux et des cornemuses se font entendre au loin ; le bœuf revient d'un pas tardif, en secouant la clochette suspendue à son cou ; les chèvres et les béliers bondissent à la tête du troupeau qui se presse en bêlant vers la bergerie ; le dogue fidèle, par de joyeux aboiements, annonce le retour de son maître qui ramène, en chantant, le char de Cérès, tandis que la jeune fille occupée à traire la génisse, s'empresse de la quitter pour courir au-devant de son amant.

Dieu ! lorsqu'un destin contraire à mes souhaits me forçait d'habiter la ville, combien je regrettais le séjour des champs ! Mais après bien des peines et bien des malheurs, le ciel a voulu que je fusse heureux : il m'a rendu mes pénates, il m'a donné Sophie.

~~~~~~~~~~~~~~~~~~~~~~~~~~~~~~~~~

LE SOLITAIRE.

« Voyageur, tu considères ces ruines ; tu juges à leur aspect que la main du temps s'est appesantie sur elles ; et peut-être qu'en ce moment ton imagination travaille à découvrir leur origine perdue dans l'antiquité des siècles.

» Ici était l'asyle de la paix et du silence ; là, de pieux solitaires, enfants de S. Bernard, passaient une vie consacrée à la prière et à la méditation.

» Je me suis vu, avec mes frères, chassé de ces lieux chéris, où l'inclination, autant que le devoir, nous retenait jusqu'à la mort. Nous avons été témoins de la destruction de la maison du seigneur ; nous avons entendu s'écrouler, sous les coups des marteaux et des pioches, ces murs sacrés qui jadis retentissaient de nos pieux cantiques. Hélas ! de notre église il ne subsiste plus que le portique et les piliers qui, au premier jour, seront aussi la proie de la cupidité.

» Là, étaient les dortoirs où chaque solitaire avait sa cellule ; ici, était le réfectoire où, pendant un frugal repas, on faisait la pieuse lecture ; et cette enceinte était la salle où l'on exerçait envers les voyageurs les droits de l'hospitalité.

» J'ai acheté du nouveau propriétaire de cet enclos vénérable, la permission d'y finir mes jours, au milieu de ces ruines. Un jardin que je cultive me donne assez de fruits et de légumes pour soutenir mon existence ; et dans un de ces caveaux je me suis fait, sans beaucoup de travail, une jolie cellule.

» Voyageur, je t'invite à la visiter, et à ne pas refuser le modeste repas que t'offre, de bon cœur, un pauvre religieux. A présent la chaleur est extrême ; quand tu auras pris quelques instants de repos, tu retrouveras de nouvelles forces pour continuer ta route.»

J'acceptai l'invitation du vieux solitaire. Son front découvert, ses cheveux blancs, sa longue barbe, ses yeux qui ne brillaient plus que du feu de la charité, cette physionomie douce et franche, ce maintien paisible me rappelaient les pères du désert, et m'inspiraient le respect et la vénération.

J'entrai avec lui dans la cellule, il y régnait, à côté de la simplicité, une propreté extrême; des pots à fleurs ornaient les murailles blanchies sur lesquelles étaient attachées quelques images; sur un rayon placé près de la cheminée, on voyait quelques livres de piété; des planches avec un peu de paille formaient sa couche; une table et quelques chaises de bois composaient tout l'ameublement.

«Mon fils, me dit gaîment le solitaire, je me trouve ici mille fois plus heureux que je l'étais dans le monde. Aucun soin ne m'agite; je ne m'occupe point de ce que l'on dit de moi, de ce que l'on pense, de ce que l'on fait ; le présent est devenu pour moi le passé ; je vis oublié des hommes, et le lieu que j'ai choisi pour ma retraite est même ignoré de ma famille. Depuis bien des années elle doit croire que je n'existe plus ; j'avoue, mon fils, qu'il m'en a bien coûté pour rompre tous les liens qui m'attachaient au monde ; mais c'était un sacrifice que je devais faire à Dieu ; et avec le secours de sa grâce, je suis enfin parvenu à l'accomplir. Hélas ! combien de souvenirs chers et précieux ont long-temps troublé la paix et le bonheur que me promettait la solitude ! La nuit, des songes riants me transportaient au sein de ma famille, sur les bords charmants qu'arrose la Liane, non loin de cette chaîne de montagnes d'où l'œil découvre les rivages de l'Angleterre.

— » Quoi ! m'écriai-je, vous seriez ce respectable solitaire, ce saint religieux dont mon père ne cesse de regretter la perte, et dont, tant de fois, il m'a vanté le savoir et les vertus!... C'est donc vous qui, couvert de lauriers cueillis dans une campagne glorieuse, abandonnâtes tout à coup le monde pour la retraite, et prîtes le cilice, au lieu de l'uniforme ?

» — Oui, mon fils, c'est moi, répondit le vieillard en me tendant les bras ; venez embrasser l'oncle de votre père.... Mon Dieu, je te remercie de la grâce que tu m'accordes en ce jour..... *Nunc dimittis servum tuum*, etc. »

Il me tint serré contre son cœur ; et quelques larmes tombées de ses yeux vinrent mouiller mes joues.

Tandis qu'il m'interrogeait sur ma famille, sur ses anciens amis, sur les personnes qu'il avait connues, sur les lieux qu'il avait habités dans son enfance, avec quelle attention, avec quel intérêt, avec quel plaisir il écoutait les moindres détails que je lui en faisais ! Tout ce que je lui racontais était nouveau pour lui, et devenait un sujet d'étonnement, quelquefois un sujet de satisfaction, mais bien plus souvent de peine.

Quand il eut appris par quelle suite de malheurs je m'étais vu dépouillé du bien de mes pères, il leva les mains jointes vers le ciel, et s'écria : Que la volonté du Seigneur soit faite!.... Mon fils, répétez avec Job : *Dieu me l'avait donné, Dieu me l'a retiré ; que son saint nom soit béni.*

«—Mon père, à votre tour, daignez m'instruire de ce qui a pu tout à coup vous dégoûter du monde, et vous décider à le quitter pour toujours. Est-ce l'injustice, l'amour malheureux, ou l'amitié trahie ?

»—Mon fils, je n'ai point marché sur les traces de Rancé et de Comminge ; les passions n'ont eu aucune part à la résolution invariable que j'ai prise, de finir mes jours dans la retraite ; c'est la réflexion seule qui m'a conduit : j'ai connu le monde, et il m'a fait horreur et pitié ; éclairé du flambleau de la raison, j'ai vu à découvert le néant des grandeurs humaines, et j'ai ré-

5..

pété avec Salomon, le plus sage des hommes : *Vanité des vanités, tout n'est que vanité !*

» Combien de regrets, de vœux, de craintes et d'espérances que forme l'imagination, et que le temps détruit dans son vol rapide ! Le nombre de nos années est si court, et nous les passons entre le passé et l'avenir, tandis que le présent est emporté par le tourbillon du monde : l'on meurt avant d'avoir vécu. Le naulonnier, entraîné par le courant, doit redoubler ses efforts, s'il veut que sa fragile nacelle ne se brise pas contre un rocher avant qu'elle n'arrive au port.

» Mon fils, nous allons nous séparer ; à mon âge il est probable que c'est pour toujours ; je voudrais vous offrir un gage de mon amitié ; mais un pauvre solitaire ne peut pas vous faire de riches présents : c'est mon portrait en miniature que je vous donnerai, si vous me promettez de le porter toujours.

—» Mon père, je vous le promets.

— » Mais ce qui va bien vous surprendre, c'est que mon portrait est aussi le vôtre, et qu'il nous ressemble également. ; de plus, c'est un moniteur fidèle qui vous avertira de ne jamais commettre d'actions dont vous puissiez un jour vous repentir.

—» Quel est donc ce portrait, qui représente à la fois vos traits et les miens? J'avoue, mon père, qu'il excite toute ma curiosité.

—»Elle va être satisfaite, répondit le vieillard.» Alors il tira de sa poche quelque chose qui était enveloppée avec soin, et il me présenta, en souriant, une petite tête de mort sculptée en buis.... « N'est-ce pas votre image et la mienne? N'est-ce pas celle de tous les hommes? Et ne les exhorte-t-elle pas à bien vivre, en les avertissant de leur destinée? Mon fils, conserve ce présent que te fait un vieux solitaire, et sois certain que toujours il fera des vœux pour ton bonheur et celui de ta famille. »

5...

Il m'embrassa avec tendresse; et après m'avoir donné sa bénédiction, il me dit : Va, mon fils, suis la voie du Seigneur, et que dans sa miséricorde il répande sur toi toutes ses grâces !

AVENTURE

DU TREIZIÈME SIÈCLE.

Au déclin du jour, en sortant de la vallée de ***, je m'étais égaré de la route que
je devais suivre, et, après avoir cherché
inutilement à retourner sur mes pas, je
me trouvai au milieu d'une plaine immense
d'où l'on venait d'enlever de riches moissons. Mes regards errants embrassaient un
vaste horizon; mais pas un arbre, pas un
moulin, pas un clocher; rien de ce qui
pouvait me servir de guide ne s'offrait de
loin à ma vue, j'animais de la voix mon
cheval fatigué, et je galopais au hasard,
dans la direction que je voyais la plus voisine de la ville où j'avais dessein de me

rendre : souvent je faisais partir aux pieds
de mon cheval de nombreuses compagnies
de perdreaux qui allaient, d'un vol tranquille, se reposer en avant de moi, pour re-
partir de nouveau lorsque j'avançais.

Le soleil, depuis quelque temps, était couché, et un faible crépuscule éclairait à peine
mes pas incertains ; bientôt je me trouvai
plongé dans une obscurité profonde, et, pour
surcroît d'infortune, un orage violent éclata.
Il semblait que le ciel eût ouvert au-dessus
de ma tête une partie de ses cataractes. Le
vent du nord soufflait avec tant de force,
que j'étais obligé de me coucher sur le cou
de mon cheval pour n'être point renversé.
Aucun arbre, aucun monticule qui pût
m'offrir de l'abri. Excédé de fatigue et trem-
blant de froid, j'allais descendre de cheval,
bien décidé à passer la nuit au milieu des
champs, lorsque j'entendis les sons d'une
cloche ; plein de joie je prêtai une oreille
attentive, et je marchai toujours dans la
direction d'où le son semblait venir, et je

jugeai, au bruit de la cloche, qu'à chaque instant j'en étais moins éloigné.

Tout à coup je ne l'entendis plus; je m'arrêtai avec effroi; et ayant tourné la tête je vis une grande clarté; j'avançai, et je m'aperçus que j'étais près des fossés d'un ancien château fort, semblable à ceux qu'habitaient nos pères dans le 13e. siècle. J'en fis plusieurs fois le tour avant de trouver le pont-levis; quand je l'eus découvert, tel que les chevaliers errants, j'invoquai, en criant de toutes mes forces, les droits de l'hospitalité. A ma grande surprise, j'entendis les sons du cor; aussitôt le pont-levis s'abaissa, la barrière tourna sur ses gonds rouillés, et un homme vêtu d'une façon extraordinaire, tenant une torche d'une main et de l'autre une lance, vint à ma rencontre sans proférer un mot.

Où suis-je? — Point de réponse. Toujours avec le même silence, en marchant devant moi, mon guide me conduisit, à travers plusieurs cours et souterrains, dans un grand vestibule rempli d'armes anciennes.

Il me fit signe de m'asseoir dans un fauteuil, semblable à celui du roi d'Agobert, où il me laissa dans l'obscurité et livré à mes réflexions. Il ne tarda pas à revenir, et me fit signe de le suivre.

Nous montâmes, par un escalier étroit et tortueux, dans une des tourelles, d'où nous entrâmes dans une galerie ornée de vieux portraits, qui tous représentaient des guerriers couverts de leurs écus, et la lance au poing.

Après avoir traversé plusieurs vastes appartements, j'arrivai dans une salle parfaitement éclairée : mon guide me quitta de nouveau, et me laissa libre de réfléchir sur tout ce qu'avait d'extraordinaire une telle réception.

Bientôt la porte d'un cabinet s'ouvrit, et j'en vis sortir un vieillard d'une taille noble et imposante ; il s'avança vers moi, me regarda d'un air pénétrant, et me dit :

Placez-vous près de la cheminée hospi-
talière.

Il tira une sonnette, et plusieurs domes-
tiques, tous vêtus d'une manière bizarre,
arrivèrent avec empressement.

Il leur donna ses ordres dans une langue
que je reconnus pour avoir été celle du 13e.
siècle, lorsque nos bons aïeux parlaient un
dialecte mêlé de gaulois, de celtique et de
la langue romaine.

Ils lui répondirent avec des marques d'un
grand respect, et toujours dans le même
langage.

Le vieillard me regardait en souriant.

L'on ne tarda pas à nous apporter une table servie avec simplicité et abondance, et
qui était éclairée par des candelabres à quatre
branches. Le vin était dans un petit tonneau,
d'où on le versait dans de grandes coupes
d'argent ciselées.

Lorsque le repas fut terminé, le vieillard
me demanda, en riant, ce que je pensais de
tout ce que j'avais vu, et de tout ce qui m'en-
tourait.

J'ai lu autrefois, lui répondis-je, quelques fabliaux et romances ; ils ne sont point sortis de ma mémoire, et je me crois aujourd'hui transporté dans ces temps chevaleresques où régnaient l'honneur et la franchise.

L'accueil que vous m'avez fait me confirme dans cette opinion. Ces trophées d'armes, ces lambris de chêne brunis et sculptés en bas-reliefs, ces plafonds parsemés d'étoiles, ces portes massives, cette large cheminée qui semble destinée à exercer les devoirs de l'hospitalité, tout me rappelle le 12e. et le 13e. siècle. Je serais presque tenté de croire que mon imagination est la dupe d'un songe agréable. Suis-je vraiment en Westphalie et dans le 19e. siècle ?

— Vous êtes en Westphalie, vous êtes dans le 19e. siècle, et c'est le baron d'Erlich qui a l'honneur de vous recevoir dans son château.

Mes voisins me taxent d'originalité, et même plusieurs, en secret, m'accusent de folie. Vous serez à même de juger si c'est avec raison, d'après le récit que je vais vous faire de quelques événements de ma vie.

LE BARON D'EHRLICH.

————

« Je suis l'aîné d'une ancienne maison, et le seul que la mort ait épargné. L'on ne parvient pas à un âge avancé, sans avoir vu rompre en détail tous les liens qui nous attachaient à la vie, et le dernier sacrifice que la nature exige de nous est toujours le plus léger pour l'homme sensible.

« On a répété que les impressions du premier âge se conservaient long-temps, et même dans la vieillesse ; je le crois d'autant plus aisément, que j'en ai fait l'expérience.

« Le premier livre que le hasard fit tomber dans mes mains était l'Arioste ; je le lus avec avidité ; dès-lors tous les jeux de mon enfance ne furent plus que des simulacres de

6

combats ; mes jeunes camarades devinrent,
ainsi que moi, de fameux chevaliers ; nous
ne portions plus entre nous d'autres noms
que ceux de Roland, Médor, Roger, As-
tolphe : mon cheval ardennois fut trans-
formé en hyppogriphe, et mon épée de bois
en durendale. J'étais d'une taille et d'une
force beaucoup au-dessus de mon âge ; nous
formions des joûtes et des espèces de tour-
nois, dans lesquels j'étais toujours vain-
queur.

» Mon père, en souriant, applaudissait à
ces jeux dont il se plaisait à être le témoin et
le juge.

» Je n'avais qu'un chemin à suivre, qui
m'était tracé par mes aïeux; il me promettait la gloire et flattait mes penchants ; avec
des transports que je ne puis rendre, j'at-
teignis ma 16e. année, et dès-lors je consa-
crai mon existence au service de mon prince
et de mon pays ; plusieurs fois mon sang fut
répandu pour eux, et je me trouvai toujours
récompensé au-delà de mes espérances.

» Né avec une ame fière, incapable de cé-
der, mais doué d'un cœur sensible et plein
de franchise, j'étais aimé de tous mes camarades ; quoique je me battisse souvent
avec eux, c'était rarement pour mon propre
compte : l'injustice m'indignait ; je ne pouvais voir opprimer le faible, et mon bras
était toujours levé pour le défendre ou pour
le venger.

» Trois passions vives régnaient dans mon
cœur : l'ambition, l'amitié et l'amour. La
première ne peut jamais être entièrement
satisfaite ; quant aux deux autres, je pensais n'avoir rien à souhaiter ; je possédais un
ami qui avait été le compagnon des plaisirs
de mon enfance, qui était arrivé avec moi
sous les mêmes drapeaux, et avait partagé
les mêmes périls ; j'étais aimé de la charmante Ernestine ; j'en avais obtenu l'aveu de
sa bouche, et ses parents avaient fixé l'instant de mon bonheur.

» Je n'avais point de secret pour mon ami ;
s'il avait ignoré mon bonheur, je ne me

6..

serais cru heureux qu'à demi. Depuis quelque temps Ernestine était le sujet de nos entretiens.

» Je me croyais au comble de mes vœux; mais c'est quelquefois quand le ciel est le plus serein que se forment les plus terribles orages.

» Avec cette impatience naturelle à l'amour, la veille du jour tant désiré je vole chez Ernestine.....

» On m'apprend qu'elle vient de partir avec sa famille, pour un long voyage, et je reçois des mains d'un étranger un billet que m'écrivait le père de mon amante; j'eus à peine la force d'ouvrir ce fatal billet dont voici le contenu :

«Vous avez voulu séduire ma fille et porter le déshonneur dans une famille qui se livrait à vous sans défiance; le ciel ne l'a pas permis : on vient de me révéler vos premiers engagements; vous êtes déjà l'époux d'une femme belle et vertueuse, dont vous avez fait le malheur.... Ma fille ne sera pas votre seconde victime ; homme lâche et barbare, vous ne la reverrez jamais. Si mon bras, que les ans ont glacé, répondait encore aux vœux de mon cœur, moi seul, traître, je te reverrais!.... »

» Le voyageur qui voit la foudre éclater à ses pieds, est moins frappé d'étonnement et d'effroi que je le fus à cette lecture.... Quel est, m'écriai-je, le calomniateur, le monstre qui a osé ?.... Je portai la main sur la poignée de mon épée, et je jurai qu'elle serait teinte de son sang.

» Hors de moi, j'arrive chez mon ami ; et sans pouvoir parler je me précipitai dans ses bras. Il m'interroge avec inquiétude en me serrant contre son cœur. Pour réponse je lui donne le fatal billet ; en le parcourant, il tire son mouchoir pour essuyer des larmes feintes ; une lettre tombe de sa poche, je la ramasse..... Jugez des sentiments que j'éprouvai, en reconnaissant sur l'adresse l'écriture du père d'Ernestine.

» Il emploie en vain, pour ravoir la lettre,

6...

les prières et les ménaces ; l'adresse ne lui
sert pas plus que la force ; voici ce que je
lus à haute voix, tandis que j'apercevais sur
son front la pâleur de la mort, et dans ses
membres les convulsions de l'agonie :

« Vous êtes mon libérateur, vous êtes celui
de ma famille ; homme généreux, vous avez
sacrifié les sentiments de l'amitié à ceux de
la justice et de la droiture.... Si le cœur
d'Ernestine pouvait un jour oublier le traître
qui.... »

» Je ne fus pas le maître de pouvoir contenir plus long-temps mon indignation ; la lettre m'échappa des mains, et dans les premiers
transports de la fureur, je tirai mon épée....
Défends ta vie, monstre, lui criai-je ; je ne
veux pas être ton assassin. — Eh ! quoi ! ne
voyez-vous plus en moi le compagnon de
votre enfance, votre meilleur ami, votre
frère d'armes ? En disant ces mots, il se mit
en garde, et pour réponse je lui plongeai mon
épée dans le cœur.

» Lorsque je le vis renversé, pâle et baigné

dans son sang, la pitié succéda à la colère,
j'oubliai tous ses torts pour ne me rappeler
que son ancienne amitié, et je m'arrachai,
en pleurant, de cette scène d'horreur.

»Je quittai le régiment pour suivre les traces de mon amante, et pour la désabuser de
son erreur : l'amour et l'honneur m'en fai-
saient également une loi ; après de longues
et inutiles recherches, je parvins à découvrir enfin la retraite d'Ernestine ; mais ce
ne fut qu'en apprenant son mariage avec le
frère du perfide qui m'avait si cruellement
trahi pour m'immoler aux intérêts de sa famille.

» Mais avant que je continue le récit d'une
vie agitée par les passions les plus fortes,
répondez-moi, consentez-vous à me suivre,
sans lumière, au fond d'un cachot ténébreux
creusé sous les caves profondes de ce château ? — J'y consens volontiers.

Eh ! — h, jeune homme, reprit le baron
d'une voix terrible, en agitant un trousseau
de clefs ; marche, et suis-moi.

LE SOUTERRAIN.

Nous traversons silencieusement plusieurs galeries, qui ne recevaient le jour que par les fentes des murailles sur lesquelles la lune répandait ses faibles rayons; nous entrons dans plusieurs salles où régnait l'obscurité la plus profonde, et, tandis que le baron ouvrait et refermait les portes avec un bruit épouvantable, les cris des hiboux se mêlaient aux sifflements des vents du nord, et semblaient inspirer je ne sais quoi de sombre et de sinistre.

Baisse la tête, baisse profondément la tête, criait quelquefois le baron d'une voix de stentor; et quoique je marchasse en rampant, je touchai d'une main la voûte, et de l'autre la terre.

J'arrive enfin à un escalier étroit et tortueux, dont les marches étaient usées par
les pas du temps. Le baron passe le premier : pendant près d'un quart-d'heure nous
descendons, toujours en tournant, jusqu'à
l'entrée d'un large souterrain qu'éclairait
faiblement une lampe sépulcrale suspendue
au milieu de la voûte.

Tout à coup un cliquetis d'armes se fait
entendre, avec un bruit affreux de chaines
que l'on paraissait agiter..... L'airain sonne
douze coups lents et sonores.

Jeune homme, cria le baron, irons-nous
plus avant?

— Oui, nous irons plus avant.

— Eh !bien, prends cette corde que tu vois
attachée à cet anneau de fer, et surtout
garde-toi bien de la quitter; avance, mets
à la fois les deux pieds sur cette pierre, as-
sieds-toi sur ce cercueil.....

Dieu ! la pierre, le cercueil s'ébranlent ;
ils s'enfoncent.... je tombe au fond de l'a-
bîme..... où suis-je?.... Quelle horreur !

Quand je fus revenu de mon étonnement, j'ouvris les yeux, et j'aperçus une femme attachée avec de fortes chaînes à un poteau.

Malheureuse victime de la vengeance ou de la haine, dis-moi qui tu es, et si je dois partager les rigueurs de ta captivité?

Quelle fut ma surprise quand, au lieu d'une voix éteinte et entrecoupée de sanglots, j'entendis une voix de tonnerre qui me répondit :

Vous voyez une reine dans les fers ; les hommes sont presque tous soumis à mon empire ; on me nomme l'*Opinion ;* j'ai long-temps régné dans le cœur de M. le baron d'Ehrlich ; mais à présent il brave mon pouvoir, et il me préfère ma rivale, qui s'appelle la *Raison :* depuis quelques années il me retient captive dans le souterrain le plus profond de son château.

Avec de grands éclats de rire, le baron se montra derrière la statue, et, me prenant la main, il me dit :

Vous avez montré du courage et de la

persévérance : je suis content de vous ; mais
je crains que vous ne le soyez pas de moi :
vous devez me trouver bien bizarre : j'ai
voulu, sous le voile mystérieux de l'allégo-
rie, vous offrir une véritable leçon ; vous
avez éprouvé combien il en coûtait de peines pour voir l'Opinion enchaînée ; il en
coûte bien plus pour braver son pouvoir
tyrannique.

Mais il est temps que vous preniez du repos ; demain j'achèverai les récits que nous
avons interrompus.

Par un chemin éclairé, beaucoup plus
court et plus facile, nous retournâmes au
salon, d'où l'on me conduisit dans l'appartement qui m'était préparé.

RÉCIT

DU BARON D'EHRLICH.

———

« Au retour de mes voyages, reprit le baron, je passai plusieurs hivers dans ce château ; j'y donnai des fêtes aux gentilshommes de la contrée et à quelques-uns de mes plus riches vassaux. Ce fut alors que la jeune Auna vint, pour la première fois, s'offrir à ma vue. Elle comptait une longue suite d'aïeux estimés et chéris de leurs voisins, qui tous avaient mené la charrue nourricière, mais pas un n'avait porté l'épée. L'opinion vint combattre l'amour, et, quand je pouvais être le plus heureux des hommes, elle se plut à faire mon malheur.

Auna avait reçu de la nature les dons les

plus précieux : beauté, sagesse et vertu ;
on lisait sur son front charmant que colo-
rait une aimable pudeur, l'ingénuité et l'é-
tourderie d'un cœur de seize ans.

» Je cherchais chaque jour de nouveaux
prétextes pour voir Anna : quelquefois je me
trouvais seul avec elle.

» Le père était flatté de mes visites, et loin
d'en soupçonner le motif ; il croyait qu'elles
n'avaient pour objet que de m'instruire dans
l'agriculture, dont j'aimais à m'entretenir
avec lui : Anna avait mieux deviné ; mais
jugeant de mon cœur par le sien, elle me
recevait sans défiance, et se flattait que l'a-
mour était bien au-dessus des préjugés de
l'orgueil ; cependant il m'arrivait quelquefois de la surprendre les yeux mouillés de
larmes ; alors elle avait soin de les détourner
de moi, et avec un soupir, elle me disait d'une
voix si douce : «Je pensais qu'un jour vous
cesseriez de m'aimer, et que j'avais tort de
croire à vos promesses.» Je la rassurais, en
lui jurant que je ne désirais rien aussi ardem-
ment que de m'unir à elle pour la vie. 7

» Je le pensais alors, je n'employais point le langage d'un séducteur, c'était celui d'un amant passionné..... mais l'opinion..... Combien de fois ai-je regretté de n'être pas né sous le chaume !

» Je m'apercevais depuis quelque temps qu'Anna éprouvait de fréquents accès de mélancolie, surtout quand j'étais quelques jours sans la voir ; en vain je la suppliais de m'en apprendre le sujet ; sans me répondre elle serrait ma main dans les siennes, et l'arrosait de ses pleurs.

» Chaque jour elle me devenait plus chère, et je me serais cru heureux de pouvoir lui sacrifier ma fortune, ma vie..... mais l'opinion.....

» L'esprit et le cœur occupés de l'image d'Anna, je me promenais sur cette terrasse, quand j'aperçus le père qui s'avançait vers moi d'un air empressé ; et avant que je n'eusse le temps de lui faire des questions, il me dit : « M. le baron, vous m'avez toujours honoré de vos bontés ; je me flatte que vous prendrez part au bonheur qui m'arrive.

Anna est demandée en mariage par le jeune
Guillaume, le plus riche et le plus honnête
de vos vassaux. Avant quinze jours, j'espère
faire les noces; puis-je me flatter, M. le baron,
qu'elles seront honorées de votre présence? »

» Ma surprise était si grande, qu'il me fut
d'abord impossible de répondre; sans être
physionomiste, il était facile de lire ce qui
se passait dans mon cœur. Mais, ayant re-
pris mes sens, je m'écriai : Guillaume n'est
pas digne de la charmante Anna.

» —Mais Guillaume est le plus honnête, le
plus riche de vos vassaux.

» —Un prince seul serait digne de posséder
Anna, repris-je avec vivacité : cependant,
si elle a fait choix de Guillaume, je n'ai plus
rien à dire.

» Je me rendis le même jour chez ma charmante maîtresse; je la trouvai seule, occupée à tourner un fuseau qu'elle mouillait de
larmes amères. Je pouvais, d'un mot, en ta-
rir la source, et me rendre le plus heureux
des hommes; mais l'opinion m'empêcha de
le prononcer.   7..

» L'ame déchirée de remords, je quittai Anna; je l'abandonnai pour toujours; et Anna, pour obéir aux ordres d'un père, et pour se venger d'un ingrat, consentit à donner sa foi à Guillaume.

» On me proposa alors le parti le plus avantageux de la Westphalie, tant du côté de la naissance que de celui de la fortune : l'unique héritière d'un prince d'Allemagne consentit à unir son sort au mien, et on promettait de me faire obtenir un poste brillant à la cour de Vienne.

» Ma famille était au comble de ses vœux, mes amis me félicitaient, mes voisins me portaient envie..... J'acceptai.... Je fus le plus malheureux des hommes. Tel a été, sur ma destinée, le fatal ascendant de l'opinion.

» Sans agrément, sans esprit, Mme. d'Ehrlich ne cessa de vouloir exercer sur moi un pouvoir tyrannique; et les années que j'ai passées avec elle furent les plus malheureuses de ma vie.

» O combien de fois j'ai envié le sort paisible dont jouissait Guillaume près de la sensible Anna !

« Mme. d'Ehrlich avait de la jalousie sans amour, des passions et nulle sensibilité; son cœur, incapable d'aimer, n'était ouvert qu'à la défiance et à la haine ; elle fit long-temps mon malheur, et cette idée seule lui rendit ma présence supportable. La mort, enfin, me délivra de cette femme affreuse. On avait ignoré son caractère et sa conduite envers moi; on crut que sa mort, qui m'obligeait à remettre des biens immenses, m'affligerait douloureusement; on me plaignit, on vint pour me consoler, et l'on vanta ma résignation stoïque.

« Jeune homme, pensez-vous à présent qu'il faille se sacrifier à l'opinion ?

« L'ambition, par de flatteuses promesses, me retenait à la cour de Vienne : elles ne tardèrent pas à s'accomplir, et la guerre avec les Turcs s'étant déclarée, on me confia le commandement de la principale armée.

»Je livrai plusieurs combats, dans lesquels
la victoire se rangea toujours de mon côté;
je m'emparai de quelques places fortes, et
enfin je gagnai une bataille décisive : drapeaux, canons, trésors devinrent notre
conquête. On répétait alors de tout côté :
Ah! que ce brave d'Ehrlich est un homme
heureux!.... et l'on ne savait pas que mes
lauriers étaient teints du sang d'un frère
chéri..... Plongé dans la douleur la plus
cruelle, seul dans ma tente, prêt vingt
fois à mettre un terme à ma vie, je baignais
de mes larmes le corps sanglant et inanimé
de mon frère, tandis que l'opinion publiait
que j'étais l'homme le plus heureux du
monde.

»A la paix, je m'empressai de solliciter ma
retraite ; on m'offrit un poste brillant que
je refusai pour venir habiter ce château, et
j'appris que l'on disait à la cour : «Ce baron
d'Ehrlich est un homme bien bizarre!» Mais
le malheur m'avait enseigné à secouer le
joug de l'opinion ; je voulais enfin com-

mencer à vivre pour moi-même. Je ne me
flattais pas de trouver le bonheur ; j'avais
appris trop bien, par l'expérience, que,
semblable à l'horizon, on le voit toujours
devant soi sans pouvoir jamais l'atteindre ;
mais j'espérais rencontrer la paix; et c'est elle
qui tient lieu du bonheur.

» Jeune homme, ce langage pourra vous
surprendre dans la bouche d'un courtisan et
d'un militaire ; mais souvenez-vous que le
repos paraît toujours plus doux, à proportion des peines que nous avons éprouvées
pour en jouir.

» Je revins, avec transport, m'enfermer
dans ce château, où j'avais passé les plus
doux instants de ma vie, et où l'image des
plaisirs que j'avais goûtés dans mon enfance
se retraçait souvent à ma mémoire, et en
bannissait de pénibles souvenirs ; car, est-il
un seul homme qui n'en ait point ?

» J'aimais à me rappeler ces jeux guerriers,
ces combats innocents, ces victoires que je
remportais alors, et qui n'étaient point

achetées par des fleuves de sang et de pleurs.

» Je voulais finir ma carrière de même que je l'avais commencée. Je transformai mon château en un de ces châteaux forts, semblables à ceux qu'habitaient nos pères dans le 13º. siècle; mes fossés furent hérissés de pieux ; le pont devint un pont-levis ; les cours, les glacis, les tourelles, tout prit un air gothique; l'intérieur éprouva la même métamorphose; mes laquais furent changés en pages; et en leur donnant le costume du 13º. siècle, je voulus encore qu'ils en parlassent le langage. Cela fut long et difficile; mais, enfin, vous voyez que j'ai réussi. La plupart des hommes font de pénibles efforts pour vivre dans l'avenir..... et moi je veux vivre dans le passé. J'aime à m'entretenir avec ces preux chevaliers de leurs faits d'armes et de leurs constantes amours; j'aime tant à les voir défendre l'honneur des belles, et soupirer à leur côté! Pour prix de leurs victoires, je crois voir ces braves

à genoux recevoir des mains de leur dame
le chiffre amoureux qu'ils portent jusqu'à la
mort.

» Jeune homme , entendez-vous siffler les
vents du nord à travers les lambris ? Voyez-
vous ces vieux portraits qui s'agitent sur la
muraille?... Eh bien ! je crois entendre la
voix de mes pères, qui me dit : « O mon fils!
ne t'écarte jamais du chemin de la vertu et
de l'honneur; bientôt tu nous rejoindras, et
tu seras pour la prospérité ce que nous sommes pour toi. »

Le baron me conduisit dans une ancienne
chapelle où il avait fait préparer son tombeau.

« Voici, me dit-il gaîment , ma dernière
demeure; n'est-elle pas aussi gothique que
le reste du château ? Je viens ici chaque jour
avec plaisir; mais peut-être que vous ne le
partagez pas ; quittons le séjour de la mort,
et allons sur cette terrasse, d'où l'œil découvre un paysage aussi riche que varié.
Vous voyez ce joli hameau, dont les chau-

mières sont parfaitement semblables , et ont toutes un air de propreté ; c'est moi qui les ai fait bâtir.

» Lorsqu'un de mes vassaux indigents doit épouser une fille sage et vertueuse, il a soin de m'en faire part long-temps d'avance ; et le jour même que j'approuve son choix, mes ouvriers reçoivent l'ordre de lui construire une maison telle que celles-ci. Elles ont chacune un jardin, un petit champ et un verger.

» Si un de mes vassaux se conduit mal, ce qui arrive rarement, il est banni de ma terre, et il n'a d'autre espoir d'obtenir son pardon, qu'en changeant de conduite. Par ce moyen bien simple, je me suis entouré d'honnêtes gens qui me regardent comme leur ami et leur père : les jeunes gens me confient leurs amours, les vieillards m'entretiennent de leurs familles ; il n'y a point de secret pour moi ; tout le monde m'aime et me respecte, et l'on m'obéit sans me craindre.

» Jeune homme, l'opinion de mes voisins est que je suis atteint de folie.... Il est vrai que je n'ai point d'équipage de chasse, et que je ne dépense pas mes revenus à recevoir des gens qui m'ennuieraient, et à les renvoyer ivres chez eux. »

Le baron fit, pour me retenir chez lui, les instances les plus pressantes ; je promis que je reviendrai le voir ; et, pour satisfaire sa curiosité, avant de partir, je lui racontai quelques événements de ma vie sous un voile allégorique, et dans un langage qui était celui qu'il aimait à entendre, et qui lui rappelait les temps chevaleresques.

LA FONTAINE DES AMANTS.

LE soleil commençait à dorer le sommet des montagnes, l'horizon semblait être enflammé, les oiseaux, par leur doux ramage, saluaient le réveil de la nature, et le laboureur matinal préparait le joug de ses bœufs.

J'avais marché toute la nuit; fatigué d'une route longue et penible, je me couchai au pied d'un arbre, et bientôt je m'y endormis.

Tout à coup les sons les plus doux et les plus harmonieux m'arrachent des bras du sommeil, et en ouvrant mes yeux appesantis, j'aperçois, près d'une fontaine, une femme jeune et belle, qui était assise au pied d'un saule pleureur. De longs cheveux noirs comme l'ébène, retombaient en désordre sur son sein qui avait la blancheur du lis; ses pieds étaient nus; son air, son maintien avaient quelque chose qui exprimait l'égarement de son esprit. Le vent écarta un instant les cheveux qui couvraient son visage; et je vis une physionomie et des traits charmants, mais altérés par le malheur. Tantôt ses grands yeux bruns se remplissaient de larmes, tantôt ils brillaient du sourire de la candeur. Quand elle eut cessé de chanter, elle se tourna du côte d'un bois de sapins, et, sans me voir, elle parla ainsi d'un air inquiet : « Frédéric! mon cher Frédéric! pourquoi tardes-tu si long-temps à venir?.... Tu m'avais promis d'être ici avant moi..... Mon ami, tu tiens mal ta promesse..... Les nuages s'amassent, le ciel se couvre, l'orage approche.... que va devenir Eulalie sans Frédéric?.... Il n'arrive pas; je l'appelle en vain! l'ingrat! il a oublié Eulalie..... Frédéric!.... Frédéric! tu me fais mourir!.... Reviens, ah! reviens, je t'en conjure....,»

S'étant retournée par hasard vers le chemin, elle aperçut plusieurs personnes qui s'avançaient de son côté; aussitôt elle se leva avec précipitation, et elle s'enfuit vers le bois avec une extrême vitesse, en jetant des cris aigus et en répétant : « Les scélérats ! les monstres ! ils ont tué Frédéric !..... ils sont encore teints de son sang. » Bientôt elle s'enfonça dans le taillis le plus épais, à travers les ronces et les épines, et disparut à mes regards.

Les personnes qui avaient causé sa frayeur s'approchèrent de moi, et me prièrent de leur indiquer la route qu'elle avait suivie ; tandis qu'elles s'empressèrent de suivre les traces de la malheureuse Eulalie, un vieillard respectable vint près de moi, et me dit :

« L'infortunée que vous venez de voir est ma fille : nous l'avions laissée seule un instant ; elle en a profité pour s'échapper. Toutes les fois qu'elle peut y parvenir, elle vient au bord de cette fontaine. Si on ne l'en arrachait pas, elle y resterait longtemps. »

Je priai le vieillard de m'instruire des malheurs d'Eulalie.

«Hélas! répondit-il, je ne refuserai pas de vous les raconter ; il n'y a personne dans la contrée qui les ignore, et vous ne pourrez, en les écoutant, retenir vos larmes.

» Eulalie n'a pas encore vingt ans. Avant les malheurs affreux qu'elle éprouva, on citait partout sa beauté, ses grâces et son esprit ; son cœur était tendre et sensible ; mais il fut mis à des épreuves auxquelles il n'eut pas la force de résister.

» Frédéric était du même âge qu'elle ; c'était le jeune homme le plus accompli de toute la contrée : il n'y avait pas une jeune fille qui n'eût été vaine de recevoir ses hommages ; mais Eulalie en était seule l'objet. Ils s'étaient aimés dès l'enfance, et chaque jour avait rendu leurs sentiments plus vifs. J'en suivais tous les progrès avec plaisir ; j'approuvais leur union ; Frédéric m'était déjà aussi cher qu'Eulalie.

» Le matin ils se rendaient tous deux près

8..

de cette fontaine ; et là , par de tendres entretiens et d'innocentes caresses , ils char-
maient des heures qui leur paraissaient longues depuis que j'avais fixé l'époque de leur
hymen.

» Le jour où Frédéric entrait dans sa ving-
tième année devait être ce jour tant désiré....

» Non loin de ma chaumière, demeurait un
riche fermier, dont ma fille avait rejeté les
vœux.

» Il croyait que l'or tenait lieu de vertus
et d'amabilité. Ce jeune homme était sombre , farouche , méchant ; ses yeux creux et
louches étaient recouverts par des sourcils
noirs et épais ; un sourire perfide faisait
contracter sa bouche ; et ses joues pâles et
livides avaient le colori du crime.

» Le monstre rencontre Frédéric à la fontaine où il savait bien qu'il avait coutume de
se rendre ; Eulalie n'était pas encore arri-
vée ; il s'approche de Frédéric , et lui dit
avec une feinte gaîté : —Vous voilà au comble de vos vœux ; c'est demain le jour fixé

pour votre bonheur.... Êtes-vous bien certain que rien ne s'y opposera?

» — Oui, répondit Frédéric, j'en suis certain ; le ministre est averti, les préparatifs de la noce sont commencés, et demain, aussitôt que le soleil sera caché derrière ces montagnes, je serai le plus heureux des hommes.... — Tu te trompes..... Tu ne le seras pas, reprit-il avec un regard farouche; ce n'est pas la couche nuptiale qui t'attend.... c'est le cercueil. En disant ces mots il saisit un pistolet qu'il avait pris à dessein..... le coup part; et le malheureux Frédéric tombe, baigné dans son sang, à l'instant même où Eulalie arrivait en courant.

» Elle entend l'explosion; elle voit fuir le monstre; elle aperçoit son amant; elle se précipite sur son corps palpitant : il entrouvre sa paupière mourante, fixe sur Eulalie des regards éteints; et sa bouche, pour la dernière fois, répète ce nom chéri.

» Le soleil était au milieu de son cours; et ma fille ne revenait pas; surpris, inquiet,

8...

je cours à la fontaine, et je trouve Eulalie,
sans mouvements, à côté du malheureux
Frédéric.

» Comment pouvoir vous retracer un spectacle aussi déchirant ? Qu'il me suffise de
vous dire que ma fille, rendue enfin à la
vie, n'a pas encore pu, malgré tous les secours de l'art, retrouver sa raison : hélas !
je crains bien qu'elle ne soit perdue pour
toujours.

» La voilà cette infortunée que ses frères
ramènent : elle ne les reconnaît point ; elle
veut s'échapper de leurs bras ; elle jette sur
eux des regards d'horreur.. .. L'entendez-
vous qui appelle Frédéric, Frédéric ? — Et le
monstre n'a-t-il pas encore subi le châtiment
dû à son crime ?

» — Non, il a quitté le hameau ; on ne sait
depuis ce qu'il est devenu ; mais Dieu est
juste ; et s'il diffère sa vengeance, c'est pour
la rendre plus terrible. »

Sensible Eulalie, infortunée Eulalie, m'é-
criai-je ! que ce Dieu juste et compatissant

arrête sur toi un œil de pitié, et, après t'a-
voir privée de la raison, qu'il te prive aussi
de la mémoire!

Je revins quelques mois après m'asseoir
à la fontaine où j'avais vu Eulalie pour la
première fois, et je trouvai sur ses bords un
monument de gazon sur lequel était plantée
une croix.

Tandis que, livré à la mélancolie, je suivais le cours de mes tristes pensées, j'aperçus Eulalie; je m'éloignai aussitôt.

Sa démarche et son air indiquaient qu'elle
avait recouvré sa raison.

Elle s'approcha lentement de la fontaine,
et se mit à genoux au pied du monument,
les mains jointes et les yeux levés vers le
ciel. Après avoir dit une prière, souvent in-
terrompue par des sanglots, elle reprit tristement le chemin du village.

~~~~~~

LES BORDS DU RHIN.

TANDIS que le soleil, à son plus haut degré de chaleur, brûlait le gazon desséché; que les troupeaux étaient réduits à chercher le voisinage des bois, et que le pâtre dormait la face contre terre, assis à l'ombre d'un tilleul, je suivais des yeux le cours rapide du Rhin. Je prenais plaisir à voir cette multitude de jolies barques ; les unes, à l'aide des rames, s'efforçaient de remonter le courant, tandis que d'autres, sans aucune peine, en prenant le fil de l'eau, descendaient le fleuve avec rapidité.

Qu'il est à plaindre, me disais-je, celui qui est forcé de combattre ses penchants!

O ma Sophie! s'il avait fallu que j'eusse renoncé à t'aimer, combien il m'en eût

coûté d'efforts! et mon cœur me dit toujours qu'ils auraient été inutiles.

Il fut un temps où je n'osais pas espé-
rer le bonheur dont je jouis à présent , et
j'appelais alors la raison à mon secours.....
Mais que peut la raison contre l'amour....?

Le rocher qui s'avance au-dessus de la
digue, et qui semble suspendu sur le fleuve,
fixe un instant mes regards.

J'aperçois de loin la petite ville de ***.
Elle me rappelle bien des souvenirs.

Ma jeunesse a été aussi agitée que la
feuille que le tourbillon entraîne après
l'avoir détachée de l'arbre. J'ai compté
quelques jours heureux , et des années de
malheurs. La philosophie est venue alors
m'offrir des consolations ; mais elles m'ont
paru bien dures pour une ame sensible,
tandis que celles de l'amour et de l'amitié
sont si douces et si efficaces.

~~~~~~~~~~~~~~~~~~~~~~~~~~~~~~~~~~~~~~~

FIN DE L'HISTOIRE D'ATHENAÏS.

—

Après un assez long voyage, le hasard
me ramena dans la vallée de Fricden : mon
premier soin fut d'aller visiter le cimetière
où j'avais vu autrefois la belle et infortunée
Athenaïs.

Le tombeau, objet de ses tendres sollici-
tudes, avait éprouvé bien des changements :
la pierre était recouverte de mousse, et
l'on ne pouvait plus, sans peine, lire l'épitaphe qui était presque effacée ; des plantes
parasites avaient usurpé l'espace occupé
naguère par des touffes d'œillets et de jonquilles ; les rosiers avaient pris beaucoup
d'accroissement ; il était facile de voir
qu'on ne les soignait plus ; déjà, de tout
côté, s'étendait là ronce sauvage.

Sans doute qu'Athenaïs, me disais-je, s'est rendue enfin aux vœux de son père, et qu'elle est retournée sur les bords du Tage.

J'aperçus le même fossoyeur avec lequel autrefois j'avais eu une assez longue conversation, et je lui demandai depuis quand Athenaïs était partie.

« Hélas ! monsieur, répondit-il, l'infortunée est partie pour un pays d'où l'on n'a jamais vu revenir personne.

» — Ciel ! m'écriai-je, Athenaïs n'est plus !

» — Monsieur, reprit le fossoyeur, quelque temps après que vous vîntes ici, plusieurs jours s'écoulèrent sans que nous la vissions, et nous imaginâmes bien qu'il fallait pour cela qu'elle fût malade. M. le curé alla chez elle; il la trouva étendue sur un lit de douleur. Son visage avait la pâleur du lis de la vallée; ses yeux, mouillés de larmes, étaient fixés sur le portrait de son époux qu'elle tenait dans ses mains et qu'elle pressait quelquefois sur ses lèvres;

souvent elle levait les yeux vers le ciel, et, d'une voix faible, elle prononçait le nom de son père et celui d'Adolphe; tous les secours de l'art furent employés pour la rendre à la vie; mais il n'est point de remède qui puisse guérir les blessures de l'ame.

» Quelques instants avant sa mort elle fit appeler M. le curé; ils eurent ensemble un entretien secret; ensuite elle lui remit des papiers, le remercia de l'intérêt qu'il lui avait témoigné, se recommanda à ses prières, et lui donna une bourse pour être distribuée aux pauvres de ce hameau.

» Aux approches de la mort, ses yeux presque éteints brillèrent un instant d'un nouvel éclat, le sourire parut sur ses lèvres; elle joignit les mains, regarda le ciel pour la dernière fois, et mourut en prononçant le nom d'Adolphe.

» Elle repose avec lui sous la même tombe. »

Infortunée Athenaïs ! m'écriai-je, la mort vous a semblé douce; elle devient une faveur que les cieux nous accordent, quand on est pour toujours séparé de ce qu'on aime.

«Mais est-il possible, repris-je avec un mouvement d'indignation, que le tombeau d'Adolphe et d'Athenaïs soit ainsi abandonné?..... Quoi! les malheureux qu'elle a choisis pour ses héritiers ont laissé croître les orties et les ronces autour de la fosse de leur bienfaitrice! Les ingrats!»

Le fossoyeur me répondit : «Est-ce que vous êtes d'un pays où les hommes sont reconnaissants?....»

Je coupai les ronces; j'arrachai les orties, et je grattai la mousse qui commençait à couvrir la pierre.

Adieu, sensibles époux, adieu! que vos os reposent mollement!

> Tendres amants, venez gémir
> Sur la tombe de l'innocence;
> De fleurs ornez cette sentence:
> «Mieux vaut mourir. »

Qui pourrait ne point s'attendrir
Sur les malheurs d'un couple aimable ?
S'il faut subir destin semblable ,
    Mieux vaut mourir.

L'oiseau que nous faisons languir
Loin de sa compagne fidèle ,
Semble dire , en battant de l'aile ,
    Mieux vaut mourir.

Quand le sort vient à désunir
L'ami d'avec sa douce amie ,
Las ! plus de beaux jours dans la vie :
    Mieux vaut mourir.

On ne forme qu'un seul désir ;
Mais dans le chagrin qui dévore ,
On ne dit pas long-temps encore :
    Mieux vaut mourir.

~~~~~~

LE BOIS

DE L'AMOUR FILIAL.

—

Rᴇsᴘᴇᴄᴛᴀʙʟᴇ habitant de la roche solitaire, descends de ta paisible demeure, et viens instruire le fils de l'étranger. Sur ce tertre élevé, pourquoi cette table et ces bancs qu'ombrage ce grand châtaignier?

Voyageur, c'est là que les juges, choisis parmi les habitants du hameau, viennent rendre la justice. Sous ce monticule, où vous voyez une croix de pierre, repose un vieillard qui, pendant le cours de cent hivers, fit respecter la loi, et donna l'exemple de toutes les vertus.

Pourrait-on méconnaître la voix de l'équité, quand c'est vis-à-vis le tombeau de

9..

Palémon que sont rendus ces jugements ?
Nous n'avons pas encore eu d'exemples que
la partie condamnée ait eu recours aux tribunaux suprêmes.

Regardez ces bois de sapins plantés en
amphithéâtre ; ces arbres n'ont ni la même
grosseur, ni la même élevation ; leur âge
est bien différent. Voulez-vous compter le
nombre de ces arbres ? vous connaîtrez celui des enfants de Palémon. Chacun d'eux,
pour rendre hommage au vieillard, s'est
plû à lui consacrer un sapin. Ce bosquet
s'appelle parmi nous *le Bois de l'Amour
filial*. Chaque arbre porte une inscription
dictée par le sentiment.

Approchez et lisez :

« Arbre chéri, sous ton ombrage
» Mon père viendra chaque jour :
» Il oublie aisément son âge,
» Tandis qu'il pense à notre amour.

» L'orgueilleux fait polir le marbre
» Pour élever un monument ;
» Un fils tendre et reconnaissant,
» Consacre à Palémon cet arbre. »

Je ne rapporterai pas les autres inscrip-
tions : elles étaient en très-grand nombre,
et se ressemblaient. Il est difficile de donner toujours une expression différente aux
mêmes sentiments : le cœur n'est pas comme
l'esprit ; il aime à se répéter.

Qu'il me serait doux de pouvoir venir souvent dans ce bois, et d'y rêver à ce
qu'a fait pour moi le meilleur des pères !

Mais quoi ! le nombre de ces arbres
passe de beaucoup celui des années de Palémon ; et cependant il a vécu un siècle.

Palémon a vu la cinquième génération
de ses fils ; et dans son lit de mort il a
étendu les mains pour les bénir et pour
remercier le ciel d'en avoir fait des hommes
vertueux.

Etranger, je voudrais qu'il me fût possible de vous rendre cette scène touchante
et religieuse dont j'ai été le témoin.

Palémon, s'apercevant qu'il allait payer
bientôt le tribut à la nature, fit assembler
ses enfants, et, la cabane ne pouvant pas

9...

les contenir tous, il appela les chefs de chaque famille, et, s'étant fait porter sur son lit, il leur parla d'une voix distincte, à peu près en ces termes :

« Mes enfants, Dieu m'a toujours béni ; j'ai été aimé des hommes, et mes jours nombreux se sont écoulés dans la paix : votre tendresse pour moi a su embellir et prolonger le déclin de ma vie ; mais tout m'annonce, d'une manière certaine, que je ne tarderai pas à vous quitter : avant de vous faire mes derniers adieux, je désire vous répéter quelques maximes que je vous engage à graver dans votre mémoire pour ne jamais vous en écarter. Je les ai apprises de mon père lorsqu'il était sur son lit de mort ; Dieu a permis que je les aie suivies, et je lui en rends grâces.

» Sois juste pour être estimé des hommes, sois bon pour en être aimé, sois l'un et l'autre pour être béni du ciel. Ne forme point de vœux ambitieux pour sortir de l'état dans lequel tu es né ; abaisse plutôt tes regards sur l'humble genêt qui rampe dans la plaine, que de lever la tête pour apercevoir la cime des mélèses.

» Si tu désires beaucoup d'argent ou de longues années, mon fils, que ce soit pour en faire un bon usage.

» Il est dangereux de se fier aux hommes, mais il est pénible de les haïr; rends-leur service toutes les fois que tu pourras, et n'attends pas qu'ils t'en rendent.

» Ne blâme rien dans la conduite des autres; mais fais en sorte que la tienne soit à l'abri du reproche.

» La reconnaissance est une dette trop douce à payer pour que je t'en fasse un devoir; s'il est sacré envers tes semblables, juge combien il doit l'être envers Dieu! »

Le vieillard cessa de parler, et ses fils lui jurèrent, en pleurant, que ces maximes ne sortiraient jamais de leur mémoire; ils les embrasssa tendrement, et leur dit : « Ne pleurez pas, mes amis, quoique j'aie joui du sort le plus doux, la vie n'est pas moins

un fardeau pesant ; je l'ai porté pendant près
de cent hivers ; croyez-vous qu'il ne soit
pas temps que j'en sois soulagé ? Le voyageur, fatigué d'une route longue et pénible,
voit avec plaisir le terme de son voyage ; le
nautonnier, long-temps en but aux coups
de la tempête, est bien aise d'arriver dans
le port.

» — O mon père ! mon respectable père !
vous n'allez pas encore nous quitter, s'é-
crièrent ses fils, en arrosant de leurs pleurs
ses mains vénérables ; le ciel vous conser-
vera à nos vœux, à notre amour ; ne nous
privez pas d'un espoir si doux ; vivez, mon
père, vivez !

» — Mes chers enfants, reprit le vieillard
d'une voix attendrie, vous savez que le soleil se couche même dans les plus longs jours
d'été ; ma carrière a été longue ; mais enfin
je touche à son terme.... O mes enfants ! que
la bénédiction d'un père soit répandue sur
vous.....»

La voix du vieillard s'affaiblit tout à coup,

ses yeux apesantis se fermèrent ; il poussa un faible soupir, et son ame paisible s'envola au ciel.

« O mon père ! ô le meilleur des pères ! Il n'est plus ! » Tous ses fils répétaient, avec des sanglots : « Il n'est plus ! il n'est plus ! »

Ses amis, ses voisins disaient, en apprenant sa mort : « Le bon Palémon jouit à présent de la récompense accordée à une vie longue et vertueuse; que sa mémoire soit toujours en vénération parmi nous, retenons ses maximes, et suivons les exemples qu'il nous a laissés. »

Je te remercie, habitant de la roche solitaire, mes yeux se sont mouillés de larmes pendant le cours de ton récit ; je reviendrai quelquefois près du tombeau de Palémon, et je me demanderai si j'ai mis en usage ses maximes.

~~~~~~

LES MOISSONNEURS.

Lᴇ soleil dardait ses rayons enflammés sur le moissonneur étendu de lassitude à côté de la javelle ; et, tandis que Morphée répandait sur lui ses pavots, la jeune Rosalie, armée de sa faucille, bravait seule les feux de l'astre du jour dans son plus haut degré de chaleur.

Son père, homme dur et avare, lui avait dit : « Je me suis rendu à tes vœux, Bastien sera ton époux ; il a ma promesse ; mais tu ne seras pas à lui avant que ce champ, couvert d'épis, ne soit moissonné ; l'horizon se couvre, je crains l'orage ; et l'intérêt doit aller avant l'amour. »

Rosalie ne pense plus qu'à l'instant qui doit l'unir à celui qu'elle aime depuis l'en-

fance; il lui tarde d'avancer cet instant
désiré si long-temps, et qu'un père bizarre
a toujours différé sous de vains prétextes;
les travaux, les peines, les dangers, les sacrifices n'ont jamais coûté à l'amour.

Rosalie sent la faucille échapper de sa
main, ses bras fatigués se refusent au travail, une eau brûlante découle de son front
virginal qu'a bruni le soleil, ses membres
délicats se roidissent; mais elle songe à
Bastien; son courage se ranime, ses forces
renaissent, et l'espoir d'un prochain hyménée appelle le sourire sur ses lèvres desse-
chées.

Une soif ardente la dévore; elle se traine
auprès d'une source; elle y plonge sa main
arrondie en coupe, et porte, avec précipitation, à sa bouche, une eau glacée.

Bientôt un froid mortel la saisit, ses jam-
bes tremblantes se dérobent sous elle, ses
yeux éteints se ferment, un cri perçant lui
échappe, elle tombe sur le gazon sans connaissance.

Bastien arrivait alors à pas précipités de la ville ; il venait dans l'espoir de hâter la récolte du champ, son bras vigoureux s'apprêtait à lier la javelle : il aperçoit Rosalie couchée au bord de la fontaine ; il la croit endormie, il craint de troubler son sommeil ; mais bientôt, désabusé de cette douce erreur, il la soulève, il la presse contre son cœur, il couvre de baisers ses joues décolorées, et, avec des cris douloureux, répète le nom de Rosalie ; elle entr'ouvre un instant les yeux, fixe tendrement Bastien, et les referme pour toujours.

Les accents de l'effroi et du désespoir sont entendus des moissonneurs endormis ; ils s'empressent de venir à la fontaine, où ils trouvent Bastien s'arrachant les cheveux, se tordant les bras, et jetant sur le corps inanimé de Rosalie des regards pleins de tendresse et d'horreur.

Le malheureux père, déchiré de remords, en proie à la plus vive douleur et aux regrets les plus cruels, se reproche, mais trop tard, sa dureté et son avarice.

Tous ceux qui ont connu la sensible Rosalie pleurent son sort infortuné, et plus
encore celui de son amant.

Un homme de l'art, que l'on a été chercher à la ville, a vu Rosalie, et il a dé-
claré qu'il n'existait plus en elle de souffle
de vie.

Je traversais l'allée de platanes qui, en
quittant la grande route, conduit à l'église
du village, lorsque je rencontrai le convoi
funèbre.

Le sacristain marchait devant, et portait l'enseigne du chrétien ; le vénérable
pasteur accompagnait le cercueil, en chantant l'hymne des morts. De jeunes filles
portaient ces restes précieux, qu'elles avaient
couverts de rubans et d'un tissu d'une blancheur éclatante, symbole de l'innocence ;
tandis que leurs compagnes jetaient à plei-
nes mains, sur le cercueil, la scabieuse et
le bluet des champs ; les hommes et les vieillards le suivaient d'un pas lent et religieux.

Je demandai où était Bastien ; on me ré-

pondit qu'il avait voulu plusieurs fois at-
tenter à sa vie, et que l'on était obligé de le
surveiller sans cesse.

— Et le père de Rosalie ?

— Il pousse des cris plaintifs, il se frappe
la tête contre la muraille, il se roule à terre
comme un insensé ; on l'abandonne à sa
douleur, il est seul ; personne ne cherche
à le consoler, personne ne s'intéresse à lui.

C'est le sort de l'homme dur et cruel.

~~~~~~

L'ARBRE.

———

L E ciel semble avoir ouvert toutes ses cataractes, l'eau coule en torrent à travers
les sillons, et enlève en un instant l'espoir
du laboureur.

Quelques tristes corbeaux, avec des cris
lugubres, s'empressent de regagner le creux
des rochers; l'on entend au loin le mugis-
sement des taureaux qui se confond avec le
sifflement des aquilons. Hâtons-nous, ma
Sophie, de chercher un abri sous cet orme
qui, depuis des siècles, brave les orages.

Vois comme la campagne présente un
spectacle douloureux ! C'est en vain que
cette terre a été déchirée par le soc tran-
chant, qu'on y a promené la herse aux
cent dents, qu'une main libérale y a répandu le grain, que les chardons hérissés

de dards en ont été extirpés ; une heure
a suffi pour détruire l'espoir de tant de
soins et de peines !

Voilà l'image de la vie humaine : que
de projets, enfantés par l'avarice et l'ambition, qui sont effacés pour toujours du livre
des destinées !

Mais l'horizon s'éclaircit, l'orage a cessé,
le ciel devient serein, et les oiseaux, en secouant leurs ailes humides, font entendre
leur doux ramage : veux-tu, ma Sophie, que
nous regagnions le hameau ?

Quel agréable parfum répandent ces haies
de chèvre-feuilles et d'églantines! comme le
gazon est plus vert! comme tout le paysage
est plus animé ! Mais ne ressemblons pas à
la plupart des hommes ; ne quittons point
cet arbre, notre bienfaiteur, sans lui témoigner notre reconnaissance. Je ferai quelques
couplets en son honneur, et tu les chanteras
avec ta douce voix.

Salut à toi, le géant de ta race,
Et le Nestor des arbres du hameau,

Dont les bras verts ombragent plus d'espace
Qu'il n'en faudrait pour nourrir un troupeau !

Pour mieux juger de ta grosseur immense,
Sophie et moi voulûmes t'embrasser ;
Et pour atteindre à ta circonférence,
Entre nous deux un tiers vint se placer.

Arbre chéri, respecté d'âge en âge,
Sois le témoin des plaisirs et des jeux ;
Et quelquefois, lorsque gronde l'orage,
Offre un asyle aux amants vertueux.

LA MASURE.

Sur le sommet d'un rocher escarpé que battent les flots de la mer, est une vieille masure, couverte de lierre et de ronce, qui est la demeure habituelle des oiseaux de la nuit, et qui, pendant l'orage, sert quelquefois d'asyle aux pêcheurs.

La lune répandait une clarté vacillante sur les flots argentés qui venaient avec un bruit sourd mourir sur le rivage, et l'on voyait briller sur la voûte des cieux ces constellations qui, avant qu'on ne découvrît la boussole, servaient de guides aux nautonniers.

En gravissant sur la pointe du rocher, par un sentier étroit et tortueux, je parvins à l'entrée de la masure qui était défendue par d'épaisses broussailles ; à l'instant où je me baissais pour passer sous une voûte, je découvris un homme d'une haute stature qui avait une longue barbe noire et un regard farouche ; il prit une attitude menaçante, et allait s'élancer sur moi : un poignard étincelait dans ses mains.

Je reculai d'effroi, et je saisis un pistolet que Sophie me donna pour ma défense, en me faisant promettre que je le porterai toujours ; présent qui me devint aussi propice que celui de Charlotte à Werter fut fatal : il lui coûta la vie, et il me la sauva.

Le bandit s'arrêta, et, d'une voix terrible, il me dit en me fixant fièrement : Penses-tu être capable de m'arrêter ?

Je restais dans la même attitude, le pistolet à la main, prêt à faire feu..... Tout à coup j'entendis le bruit des chevaux ; une troupe armée entoura la masure, et je vis entrer plusieurs cavaliers avec le sabre et la carabine.

Ils saisirent le bandit, et, malgré ses efforts, ils le lièrent ; et après l'avoir attaché

à la queue de leurs chevaux, ils partirent,
en me disant : « Vous venez d'avoir affaire
à un grand scélérat; c'est un monstre dont
la terre sera bientôt délivrée; depuis long-
temps nous étions à sa recherche. »

Il gardait un morne silence, et promenait
des yeux hagards autour de lui; sa bouche
écumait de rage, et une sueur froide ruis-
selait de ses joues livides.

Quelque temps après cette aventure, je
rencontrai près de la ville l'intéressante et
malheureuse Eulalie qui marchait appuyée
sur le bras de son père. Il m'apprit que c'é-
tait l'assassin du jeune Guillaume que j'a-
vais trouvé dans la masure.

« Ma fille, me dit le vieillard, revient
de la ville où elle a été obligée de paraître
devant les juges, en présence du meurtrier
de son amant.

» A l'aspect de ce monstre, un mouvement
convulsif s'est emparé de tous ses membres;
la pâleur de la mort s'est répandue sur son
front, ses yeux se sont fermés, et, privée

de connaissance, elle est tombée dans mes bras.

» Les juges ont dit : « Après toutes les preuves que nous avons déjà, il n'en faut pas davantage ; le crime est prouvé ; l'identité est reconnue ; la loi prononce la mort. »

» Le monstre, pendant qu'on lui faisait lecture de sa condamnation, jouait avec ses chaînes : ses traits hideux exprimaient tour à tour la fureur et l'indifférence. Je l'ai vu marcher à l'échafaud d'un pas précipité, à travers la foule qui se disputait le plaisir de voir tomber sa tête ; je l'ai vu pâlir, rougir, écumer et fixer avec des yeux égarés l'instrument préparé pour son supplice.

» J'ai regardé couler le sang du monstre ; et je me suis dit : Le ciel est juste ; il venge l'innocence : il ne permet pas que le crime demeure impuni. »

LE REVENANT.

L̲E bon temps, le temps que l'on regrette, était celui où l'habitant simple du hameau ne connaissait d'autre inquiétude, n'avait d'autre frayeur que celle que lui occasionnait la menace d'un berger accusé de maléfice, la vue d'une vieille femme honorée du nom de sorcière, ou bien la rencontre d'un revenant sous la forme d'un chat, ou d'un lapin blanc.

Heureux siècles que ceux où le paisible villageois trouvait sous l'humble toit de ses pères, un asyle assuré contre tous les fléaux de la guerre; et où, pour avoir quelques sujets de crainte, il prenait plaisir à s'en créer d'imaginaires !

Autrefois, dans les longues soirées d'hiver, les habitants des hameaux se rassemblaient autour d'un brasier petillant pour écouter une histoire bien horrible, bien effroyable. Tandis que l'orateur promenait l'épouvante parmi son auditoire attentif, le cercle se resserrait, chacun se rapprochait de son voisin, et croyait entendre le bruit des chaînes et des hurlements : le lendemain l'on se persuadait que l'on avait vraiment vu ce que l'on avait ouï raconter.

J'ai été témoin d'un fait qui prouvera que les revenants n'ont pas encore entièrement renoncé à l'empire qu'ils exerçaient au village.

En remontant le cours de la Meuse, non loin de cette ville rendue célébre par les armes qui s'y fabriquent, et par les almanachs qui portent son nom, l'on trouve un village charmant, bâti sur le penchant d'une colline, et dont l'église appelle particulièrement l'attention du voyageur. Lorsque j'y entrai, je trouvai le prêtre devant l'autel qui était tendu en noir; autour d'un cénotaphe brûlaient des cierges jaunes, et les voûtes retentissaient des hymnes consacrés aux morts.

Plusieurs personnes portant les livrées du deuil étaient à genoux, et dans un profond recueillement, priaient l'être des êtres.

Je lisais sur toutes les physionomies l'expression de la douleur, mais elle avait divers caractères.

Le vieillard, en cheveux blancs, n'avait pas les yeux mouillés; mais sur son front décoloré on voyait le chagrin à côté de la résignation.

Cette femme paraissait dans le désespoir; ses yeux étaient enflammés, et des larmes brûlantes inondaient ses joues : quelquefois, à travers les sanglots, elle répétait le nom de son fils.

Un enfant pleurait; mais il paraissait plus ému du spectacle touchant des cérémonies religieuses que de la perte d'un frère.

Tous les yeux étaient fixés sur une jeune femme, vêtue en blanc, couverte d'un grand voile, qui, retirée au fond du temple, priait avec ferveur, et couvrait de ses mains son visage baigné de pleurs.

Un homme qui était à côté de moi voulut bien satisfaire ma curiosité, et il répondit ainsi à mes questions : «Celui pour qui se disent les prières qui ouvrent les portes d'une éternité heureuse, était parti depuis trois ans, et n'avait pas donné de ses nouvelles : sa famille vient d'apprendre sa mort.

» Ce malheureux jeune homme devait épouser cette femme belle et vertueuse que vous voyez plongée dans une douleur muette, et que tout le monde regarde avec un tendre intérêt; le jour de leur union était fixé, et le prêtre avait annoncé les promesses d'un prochain hyménée; lorsqu'on vint l'enlever au nom de la loi pour la défense de la patrie. Il a cueilli des lauriers sous l'étendard de la victoire; mais hélas ! ils ont été changés pour lui en lugubres cyprès. *Il est doux, il est beau de mourir pour son pays !* répète le guerrier dans les champs de la

gloire; mais son vieux père, sa malheureuse
mère et sa tendre amante ne tiennent point
ce langage. »

Tout à coup un bruit épouvantable se
fait entendre au dehors de l'église; les portes
s'ouvrent avec fracas, et l'on voit paraître
un grand fantôme blanc, recouvert d'un
linceul; il s'avance d'un pas lent, et va
s'asseoir sur le cénotaphe.....

Mille cris de frayeur se font entendre à la
fois, les prières sont interrompues, le prêtre
tombe à genoux, les hommes, les femmes
se renversent...... Les morts ne seront pas
saisis d'un plus grand étonnement, quand
l'ange du Seigneur, pour les tirer de leur
sommeil léthargique, descendra dans la
vallée de Josaphat, et fera retentir les sons
de la trompette du jugement.

Le spectre se lève soudain, se débarrasse
de son linceul, et promène autour de lui
des regards paisibles.

Les bons villageois, revenus de leur terreur, enfin reconnaissent Auguste dans l'u-

niforme de son régiment, et la surprise et
le plaisir succèdent à la frayeur.

Il court embrasser son père, relève sa
mère, prend dans ses bras son jeune frère ;
mais, bientôt, apercevant son amante, il
oublie et le lieu sacré où il se trouve, et la
foule curieuse qui l'entoure ; il ne voit plus
qu'Éléonore, se jette à ses genoux, et couvre
ses mains de baisers et de larmes.

« Il est donc bien vrai que vous n'êtes pas
un spectre, lui disaient quelques gens cré-
dules ; vous n'êtes pas mort !.....

» — Non, sans doute, répondit Auguste en
riant ; je n'ai été que sur les frontières du
royaume des ombres ; si j'avais pénétré plus
avant, je n'aurais certainement pas été
tenté de revenir.

» — Mais, mon fils, on nous avait écrit que
vous aviez été tué dans la dernière bataille.
— Je sais ce qui a donné lieu à cette erreur ;
je vous en instruirai dans un autre moment ;
qu'il vous suffise aujourd'hui de savoir que

11..

je reviens avec mon congé de retraite, la récompense de l'honneur et une pension.

» Au comble de mes vœux, et le cœur agité des plus doux sentiments, j'arrivai dans le village : quel fut mon étonnement, lorsque je vis que l'on me fuyait en poussant des cris affreux ! Je m'empresse de me rendre à la maison de mon père ; une vieille servante m'ouvre la porte, et en me reconnaissant tombe à la renverse ; je croyais que depuis mon départ du village tout le monde y était devenu fou, lorsque j'appris enfin que l'on me disait mort, et que l'on était allé à l'église prier pour le repos de mon ame.

» Je me suis aussitôt affublé d'un drap blanc, et je courus pour assister aux prières de notre bon pasteur.

» M. le curé, reprit Auguste, vous vous occupiez de mon bonheur éternel, j'en suis reconnaissant ; mais, si vous vouliez bien changer vos habillements lugubres, et si l'aimable Éléonore daignait y consentir,

vous pourriez assurer mon bonheur dans
ce monde ; quant à celui de l'autre, trou-
vez bon que je n'y pense pas à présent. »

Toute la famille joignit ses instances à
celles d'Auguste, Eléonore sourit, le prêtre
se rendit à leurs vœux, et, après avoir
changé les décorations du temple, il donna
aux amants la bénédiction nuptiale.

~~~~~~~~~~~~~~~~~~~~~~~~~~~~~~~~~~~~~~~

UNE SOIRÉE D'AUTOMNE.

A la fin d'un beau jour d'automne, je traversais à cheval une partie de la forêt des Ardennes : mon compagnon de voyage, qui était un ancien officier allemand, considérait silencieusement les bouleaux dépouillés de leur écorce, et les nuances rembrunies du feuillage. Si le printemps, me disais-je, est la saison chérie de l'amant et du poëte, l'automne a droit aux hommages du peintre et du moraliste.

Tout à coup mon compagnon de voyage arrêta son cheval, et me dit avec émotion : « Du côté où s'élèvent ces hauts sapins, à la gauche du bois, n'apercevez-vous pas une vaste plaine, et plus loin encore un clocher ? Que cette vue, reprit-il avec vivacité, fait naître dans mon cœur de sensations diffé-

rentes ! Il est tour à tour agité par les souvenirs les plus doux et les plus cruels.

» Il y a vingt ans, qu'à pareil jour fut livré dans cette plaine un combat sanglant
entre les Allemands et les Français. J'étais
jeune alors, et je brûlais du désir de me
distinguer. Au commencement de l'action,
je pris un étendard, et pour récompense je
fus fait capitaine sur le champ de bataille.

» Ici était placé notre infanterie ; là, notre
cavalerie fit une charge brillante ; près de
ce ravin elle fut mise en déroute ; de ce
monticule une batterie nous foudroyait. Le
souvenir de cette journée me sera toujours
présent ; il a trop influé sur le sort de ma
vie pour que je puisse l'oublier. A la fin du
combat je me traînai près de cette fontaine ;
épuisé par le sang que j'avais perdu et par
la fatigue, je n'eus point la force d'y arriver, et je tombai sans connaissance au pied
de ce vieux arbre. Le lendemain, au point
du jour.....

» Ma avant que je continue mon récit,

souffrez que je vous demande quel est le châtiment réservé au lâche qui abandonne ses drapeaux en présence de l'ennemi.

» — La loi prononce la mort.

» — Et comment punit-elle le traître qui sacrifie l'honneur et le devoir à l'intérêt?

» — Par la mort et l'infamie.

» — A présent, dites-moi le supplice que subit le parjure qui a trahi les serments de l'amour, et l'ingrat qui a rompu les nœuds sacrés de la reconnaissance?

» — La loi n'en a pas établi; mais il est au fond du cœur un tribunal *secret*, ou des *francs juges* le condamnent à un supplice lent et cruel.

» — Ah! s'écria douloureusement l'officier, depuis près de vingt ans le chagrin me dévore; les regrets me déchirent, et je veux en vain échapper aux remords qui sans cesse me poursuivent : quel affreux supplice!

» Mais je reprendrai un récit que j'avais interrompu un instant pour soulager mon cœur oppressé.

» Quand le jour commença à paraître, une jeune fille qui venait conduire son troupeau de génisses à la fontaine m'aperçut ; elle fit d'abord un cri d'effroi ; mais bientôt moins sensible à la crainte qu'à la pitié, elle s'approche de moi, m'apporte de l'eau dans sa cruche, me quitte et court vers ce clocher.

» Elle ne tarda pas à revenir, accompagnée de son père et de son frère ; ils me placèrent sur des branches d'arbres, et me portèrent dans leur cabane ; c'était le temple de l'hospitalité, l'asyle de la paix et le séjour des vertus et de l'innocence.

» La douce et sensible Sara veillait à mes côtés, elle-même cueillait le dictame salutaire, me présentait le breuvage d'Hygie, et portait dans mon ame des paroles d'espoir et de consolation. Tandis que le fuseau d'ébène tournait entre ses doigts délicats, elle chantait la romance naïve et la joyeuse ritournelle qu'elle avait retenue à la veillée.

» Sara n'avait jamais appris la musique ; le

chantre harmonieux des nuits, le tendre rossignol ne l'a point apprise; comme lui l'aimable Sara ne devait rien à l'art, et elle devait tout à la nature.

» Douée d'une figure vive et animée, ses grands yeux bruns exprimaient l'innocence et la simplicité de son âge. Elle avait quinze ans; son teint était celui de la rose; mais il était un peu bruni par le soleil; ses cheveux noirs tombaient naturellement en boucles; ses joues arrondies offraient deux petites fossettes creusées par la main des Grâces, tandis que le sourire régnait sur sa bouche purpurine. Sara était une fleur que le souffle des Autans n'avait pas encore atteint. Elevée sous le chaume, loin de l'aspect contagieux du vice, le séducteur dangereux ne lui était pas plus connu que le tigre de la Lybie.....

» J'ai outragé l'amour, j'ai trahi l'amitié, j'ai méconnu à la fois tous les devoirs de la reconnaissance et de l'hospitalité; j'ai quitté Sara, je l'ai abandonnée, lorsqu'elle portait dans son sein le gage de sa faiblesse et de mon crime. Depuis vingt ans, j'ai toujours suivi la carrière ouverte aux guerriers, et je n'ai point revu ces lieux qui me rappellent et mes premiers combats et mes premières amours. »

Le jour tombait ; nous trouvâmes à la sortie de la forêt une maison dans laquelle on voulut bien nous recevoir, et nous y passâmes la nuit.

LA CHAUMIÈRE.

Qu'il est à plaindre celui qui, reconnaissant la faute qu'il a commise, en proie aux regrets et aux remords, a perdu jusqu'à l'espérance de pouvoir la réparer !

Nous apprîmes dans la chaumière, que l'intéressante Sara avait perdu la vie en la donnant à une petite fille aussi belle que le jour, et que tout le monde avait plaint son sort en détestant la perfidie et l'ingratitude de son séducteur. Les mères ont long-temps cité cet exemple à leurs filles, en les exhortant à se méfier des hommes.

« O mon ami, s'écria l'officier avec l'accent du désespoir, Sara n'est plus ! Le ciel, pour me punir, m'a ravi la consolation de réparer envers elle un crime que mon cœur n'ose avouer, et dont il accuse l'amour et la jeunesse. Mais Sara a laissé une fille ; je suis son père..... je veux voir mon enfant ; lui faire oublier, par ma tendresse et par mes bienfaits, tous mes torts envers sa mère ; mais pour moi, je ne les oublierai jamais !

»Je vais donc revoir cette chaumière que j'ai privée de l'innocence et de la paix ! Je me jetterai aux genoux du père de Sara ; je lui demanderai pardon, j'embrasserai ma fille ; elle deviendra le gage de la réconciliation ; cet espoir seul me soutient..... J'ai trop long-temps résisté aux impulsions de mon cœur ; je ne leur résiste plus aujourd'hui..... Je pars. »

Je ne voulus pas abandonner mon ami, et tous deux nous nous mîmes en marche pour la chaumière.

Nous ne tardâmes pas à découvrir le clocher qui devait nous servir de guide pour traverser une plaine immense, aride et couverte de bruyères.

Le génie destructeur de la guerre a plané

sur ces champs où reposent des milliers de braves : le Temps, avec sa faux, ne les eût pas épargnés..... Puisqu'il faut mourir un jour, ah! que nous importe que nous soyons un peu plus tôt ou un peu plus tard effacés du livre des vivants ? La feuille qui, durant l'été, a résisté au souffle impétueux des aquilons, se détache, et tombe aux approches de l'hiver.

En sortant de la plaine, nous gravîmes une chaîne de collines couvertes de bois, d'où nos regards plongèrent dans une vallée délicieuse, où un ruisseau bordé de saules et de peupliers arrosait, en serpentant, de riantes prairies. L'on apercevait çà et là quelques cabanes.

L'officier me saisit la main avec émotion, et me dit en soupirant : «Vous voyez cette chaumière, entourée de sapins ; c'est là que demeure le bon et honnête Christophe, le père de Sara; c'est là que les soins les plus tendres m'ont été prodigués, et qu'ils ont été récompensés par la perfidie la plus noire.»

Nous entendions de loin les sons joyeux des musettes et des cornemuses ; et, en approchant de la chaumière, nous vîmes des groupes de jeunes gens qui dansaient dans un verger ; tandis que des vieillards, assis sur le gazon, le verre à la main, les regardaient avec complaisance.

« Quoi ! s'écria mon ami avec étonnement ; on se réjouit ici, on donne des fêtes...... et Sara est morte !

» —Vous oubliez sans doute, lui répondis-je, qu'il y a près de vingt ans que Sara est morte.

» —Ah ! vous avez raison, reprit-il en essuyant une larme qui mouillait sa paupière ; la douleur peut compter les années, mais le remords ne les compte pas. »

Quelques jeunes gens vinrent au-devant de nous, et nous engagèrent de prendre part à leur divertissement ; Christophe, qui croyait que nous étions des voyageurs égarés de la route, nous dit avec cordialité : « Accordez-nous cette journée ; demain je

vous donnerai un guide ; vous trouverez
dans ma chaumière l'hospitalité.....» Tout à
coup il pâlit, leva les yeux au ciel ; et s'é-
cria : « Mon Dieu ! je te rends grâce de n'a-
voir pas encore éteint en moi cette vertu....»
Le vieillard reprit bientôt sa contenance
sévère, mais paisible, et il s'empressa de
nous apprendre que sa petite-fille, Louise,
épousait aujourd'hui le jeune André son voisin, celui que son cœur avait choisi... «La
voilà qui walse avec lui ; qu'elle est jolie !
qu'elle a de grâces ! c'est l'image de sa mère :
Dieu permettra qu'elle soit moins malheureuse ; il ne me privera pas du soutien et de
l'unique consolation de ma vieillesse.»

L'officier considérait Louise avec plaisir
et avec tendresse ; il n'osait lever les yeux
sur le vieillard ; mais rappelant tout son
courage, il prend une de ses mains, et sans
avoir la force de parler, il l'entraîne vers
la chaumière ; à peine avait-il franchi le
seuil, qu'il se jeta aux genoux de Christophe qui, ne le reconnaissant pas, le regardait avec étonnement.

« Respectable vieillard, s'écria-t-il ; quoi ! vous pouvez ne pas reconnaître celui dont vous avez sauvé les jours, celui.....

» Je reconnais à présent le perfide qui a porté l'opprobre et la désolation dans la paisible demeure de l'innocence..... Messager des esprits infernaux, de quel nouveau malheur suis-je aujourd'hui menacé ? »

Les cheveux blancs du vieillard se dressèrent sur sa tête vénérable ; ses yeux, presque éteints, devinrent enflammés ; ses membres tremblaient avec violence, et il se laissa tomber sur une chaise, en prononçant d'une voix entrecoupée le nom de Sara.

« O père de Sara ! je ne viens point de nouveau troubler la paix de votre cœur ; je viens, entraîné par le repentir, vous demander pardon de mes fautes, et chercher à les réparer.

» — Malheureux, comment le pourras-tu ? Sara est morte !.....

» — Mais l'infortunée Sara a laissé une fille, Louise est mon enfant.... je désire...

12..

» — Toi, le père de Louise !... je ne vois plus en toi que le monstre qui a fait mourir sa mère....

» — O Christophe ! vous déchirez un cœur dévoré de remords : ne voyez à présent que mon repentir.... Me refuserez-vous la satisfaction de doter votre chère Louise ?

» — Moi, je consentirais à recevoir tes dons ! Jamais ! jamais ! Ils feraient rougir, pour la première fois, ce front que les rides ont sillonné.

» — Mais, cruel vieillard, je ne viens point offenser votre fierté en vous offrant des dons ; c'est à Louise, c'est à mon enfant que je les adresse. »

Le vieillard leva ses mains jointes vers le ciel, et s'écria : « Mon Dieu, qui avez pardonné à vos ennemis, et qui, étant sur la croix, avez prié pour eux votre père, inspirez-moi le pardon et l'oubli des injures. » Ses yeux se remplirent de larmes ; il appela Guillaume et Louise, la conduisit par la main vers son père, et lui dit d'une voix émue : « Ma fille, embrassez l'auteur de vos jours. »

Je voudrais qu'il me fût possible de peindre une scène aussi touchante ; mais les ames sensibles n'ont pas besoin de mes pinceaux pour se la représenter.

Mon ami remit à Louise le contrat d'une jolie ferme ; il la pressa de l'accepter ; elle se rendit à ses vœux, après en avoir obtenu la permission du vieillard.

On fit, pour nous garder dans la chaumière, les plus vives instances ; mais elles furent inutiles. Le père de Louise insista pour partir. « J'ai soulagé mon cœur, me dit-il, d'un fardeau bien pesant ; mais je ne puis rester plus long-temps dans des lieux où tout me rappelle mon crime, Sara et ses malheurs. »

LA LETTRE.

Je l'ai reçue, je l'ai serrée contre mon cœur ; je l'ai pressée sur mes lèvres, cette lettre charmante qui m'apprend que je ne tarderai pas à revoir Sophie..... Que ton esprit est bien d'accord avec ton cœur ! Non, il n'est pas possible de penser des choses plus tendres et de les exprimer avec plus de délicatesse.

Tu te plains de la lenteur avec laquelle mes lettres te parviennent, et tu en accuses cette chaîne de montagnes qui nous sépare par des chemins bordés de précipices, et qui seront bientôt ensevelis sous la neige.

Que ne puis-je, quand je t'écris, me servir de ces colombes qui, d'un vol rapide, traversent les sables de l'Arabie, et portent, attachés à leur cou d'ébène, les messages de l'amour!

Je bénis l'inventeur de cet art admirable qui rendit la main l'interprète du cœur; mais de quelle reconnaissance je me sentirais pénétré envers l'enchanteur qui, me frappant de sa baguette magique, me transporterait en un instant près de ma Sophie!

Bientôt je la reverrai, bientôt j'entendrai les accents de sa douce voix, bientôt je lui répéterai les serments d'être à elle pour la vie..... Oui, à toi pour la vie, me dira-t-elle, en mettant sa main dans la mienne.

Ah! quel charmant espoir m'anime!
Je vole vers d'autres climats;
Des monts je gravirai la cime :
C'est l'amour qui conduit mes pas.

Pour prix d'un cœur sincère et tendre,
Pour mettre fin à son tourment,
Il a juré qu'il voulait rendre
Sophie à son fidèle amant.

Bientôt mon amante adorée,
Bientôt je serai près de toi;
Dans cette lointaine contrée
Bientôt je recevrai ta foi.

Aimable et charmante Sophie,
Conserve-moi toujours ton cœur:
J'attends de toi plus que la vie;
J'attends de toi tout mon bonheur.

L'ENFANT DU MALHEUR.

Debout et penché au-dessus d'un berceau, je prenais plaisir à considérer un jeune enfant, beau comme l'amour, qui reposait dans les bras du sommeil : je me rappelais ce vers de Lucrèce :

Et mi tantum restat superare dolorem !

et j'enviais le sort d'un âge où la triste prévoyance n'avance pas encore l'instant marqué pour le travail et la douleur.

Celui que je croyais le père de l'enfant me dit un jour, tandis qu'il le tenait dans ses bras, et qu'il lui prodiguait de tendres caresses : «Vous pensez peut-être que c'est mon fils ; mais non, c'est l'*Enfant du malheur.*

» L'être infortuné qui lui a donné le jour

était mon ami ; ouvrez, je vous prie, ce porte-feuille, et lisez les lettres qu'il a écrites dans les accès du desespoir ; vous pourrez le condamner ; mais non pas refuser de le plaindre.

A MON AMI.

« Quelquefois au lever du soleil l'horizon est sans nuage ; mais vers le milieu de son cours, de sombres brouillards en ternissent l'éclat, et il se couche entouré d'épaisses vapeurs.

» O mon ami, voilà l'emblême de la vie ! mon enfance a été heureuse ; ceux qui m'ont donné le jour ne respiraient que pour moi ; la fortune me souriait, un avenir brillant se développait à mes regards, et tout semblait me promettre un bonheur constant..... Prestiges de l'imagination, songes trompeurs, vaines promesses, vous m'avez long-temps abusé pour rendre mon sort plus affreux.

» La vie est devenue pour moi un fardeau
pesant; je compte chaque jour de ma pénible existence, comme l'infortuné qui gémit sous le poids des fers, compte les jours
de sa captivité.

» Quand la nature nous a fait le don fatal
d'un cœur sensible, que sert d'invoquer les
secours de la froide philosophie? Son égide
n'est qu'un morceau de glace qui se fond au
feu des passions, et qui ne peut émousser
les traits acérés du sentiment. A quoi servent les raisonnements les plus profonds et
les plus subtils quand le cœur a parlé? Ce
philosophe stoïcien à qui l'on coupe la
jambe, fidèle à ses principes, me crie : « La
douleur n'exite pas; elle ne saurait exister; »
mais, quand sa voix, son visage et son maintien expriment la souffrance, pourrai-je
croire qu'il me dit la vérité?

» J'ai répété un éternel adieu à celle qui
seule pouvait encore m'attacher à la vie;
je l'ai embrassée, j'ai respiré le souffle de
sa bouche, j'ai senti son cœur palpiter sur

le mien, et, pour la dernière fois, j'ai serré cette main qui m'a été donnée à la face des autels.

» Combien Evélina, en recevant mes adieux, était loin d'imaginer que c'était pour toujours que je m'arrachais de ses bras, et que c'était pour la dernière fois que j'embrassais mon enfant !

» Quand mon pied tardif devait franchir le seuil qui allait mettre les barrières de l'éternité entre Évélina et moi, un mouvement involontaire me retenait et me rappelait près d'elle ; mais enfin le désespoir l'a emporté sur l'amour ; j'ai fui Évélina, j'ai détourné mes yeux égarés de ses yeux où brillaient la douleur, la pitié et la tendresse... J'ai dit que je reviendrai ; je l'ai trompée ; c'est pour la première fois ; c'est pour la dernière. »

AU MÊME.

« Mon ami, lorsque l'être des êtres, dans

les décrets de sa toute-puissance, nous a donné la vie, penses-tu qu'il nous ait interdi le pouvoir de disposer à notre gré de ce présent fatal ? Que lui importe, dans sa grandeur suprême, que la lampe soit éteinte par le souffle impétueux des Autans, ou qu'elle cesse de brûler après avoir consumé l'huile ? Un seul espoir pouvait encore me faire supporter la vie ; il vient de s'évanouir ; c'en est fait, je n'ai plus qu'à mourir.

» J'ai été implorer le pardon d'un père inexorable ; je me suis jeté à ses genoux ; j'ai sollicité des secours pour mon Évélina, pour mon Théâgène : il a vu mon désespoir, et il a été sourd à mes prières ! Ses bras m'ont été fermés ; il m'a repoussé avec fureur....

» Pourquoi le ciel m'a-t-il privé de ma mère ? Elle n'eût pas été insensible, elle n'eût pas refusé des larmes et des consolations à celui qu'elle a porté neuf mois dans son sein, et qu'elle a nourri de son lait....

» Retire-toi, fuis ma présence, a dit mon

13..

père, avec l'accent de l'indignation ; l'é-
poux d'Évélina n'est plus mon fils.....
— C'est vous, me suis-je écrié, qui n'êtes
plus mon père..... Évélina est belle, elle
est sensible, elle est vertueuse ; les trésors
qu'elle a reçus du ciel ne sont que dans son
esprit et dans son cœur : c'est tout pour moi,
et ce n'est rien aux yeux des hommes. » Mon
ami, tandis que je trace ces lignes, l'orage
gronde, un torrent roule à mes pieds, des
éclairs enflammés sillonnent la voûte des
cieux ; ah ! que la foudre n'éclate-t-elle sur
ma tête !....»

A ÉVÉLINA.

« Pardonne-moi, ma tendre amie, si j'ai
fait ton malheur ; Dieu m'est témoin qu'un
seul désir animait ce cœur qui battait pour
toi. J'aurais voulu te rendre aussi heureuse
que tu le méritais ; mais le sort est injuste
et barbare.

» O mon Évélina, je te dis un éternel

adieu ! je ne puis supporter la pensée cruelle
que j'ai été l'instrument de tes peines ; quoique non coupable, je veux m'en punir :
bientôt le torrent rapide emportera dans
son cours mes regrets et mon amour malheureux.

» Quand cette lettre sera remise entre tes
mains, celui qui avait juré de vivre pour
toi et pour toi seule, aura terminé sa pénible existence. O ma bien-aimée, que le ciel
est barbare !.. Hélas ! je ne te reverrai plus....
que dis-je?.... un jour, dégagé d'une enve-
loppe grossière, je te retrouverai dans les
régions célestes, nos ombres planeront ensemble au sein des brouillards, et avec mes
bras aériens je te presserai sur mon cœur
enflammé. Regarde cette chenille qui rampe
sur la feuille ; elle devient un papillon qui,
bientôt, voltigeant de fleur en fleur, étalera
aux rayons du soleil ses ailes éclatantes d'or
et de pourpre.

» La terre était pour moi un lieu de tourments ; de ce dédale de peines et de maux,

13...

un seul chemin pouvait me délivrer ; c'é-
tait celui de la mort..... Le Dieu clément
et miséricordieux daignera me pardonner....
Et toi, ma sensible Evélina, serais-tu plus
inexorable que l'être des êtres ?

» Une maladie longue et douloureuse ne
pouvait-elle pas me retenir dans un lit près
duquel ta tendresse pour moi t'aurait constamment enchaînée ? Tu aurais lu sur mes
traits les approches de la dissolution de
notre frêle machine, que tout l'art des dis-
ciples d'Esculape ne saurait retarder d'un
instant. Agité sans cesse entre la crainte et
l'espérance, tu aurais souffert mille morts
pour une seule. Tu ne verras pas ce lugubre
appareil, plus cruel pour toi que la mort
même ; tu n'entendras pas les sons de
cette cloche funèbre ; on ne viendra pas
t'offrir ces consolations déchirantes que des
hommes vêtus de noir croiraient devoir te
répéter.

» Quand l'enfant de nos tendres amours
aura atteint l'âge de raison, parle-lui quel-

quefois de son père, répète-lui qu'il n'a
vécu que pour toi : ah! puisse-t-il, moins
malheureux que moi, faire un jour ton
bonheur!

» Bientôt je ne serai plus : mon heure a
sonné; je te renvoie mon porte-feuille, le
portrait que je tiens de toi!.... Je ne veux
garder que ce bracelet de tes cheveux; il
ne me quittera pas, même à la mort.

» Adieu, mon Évélina, conserve-toi
pour ton enfant; pardonne à son père :
puisse le ciel veiller sur tes jours!....

» Adieu, Evélina, adieu!»

A MON PÈRE.

« Vous m'avez réduit au désespoir, vous
avez fait le malheur de ma vie, vous avez
déchiré ce cœur sensible, dont le seul
crime était, après avoir aimé la femme la
plus vertueuse, de lui être resté fidèle.....
Je vous ai désobéi; mais pouvais-je trahir

Evélina ?.... Dans une heure, j'aurai cessé
de vivre..... que le ciel détourne de vos
cheveux blanchis par les années, la foudre
qui gronde sur la tête de l'homme injuste
et barbare.

« O mon père! prêt à vous quitter pour
toujours, je me rappelle les tendres soins
que vous prites de mon enfance. Avec
quelle sollicitude vous veillâtes à ma conservation! Vous fondiez alors sur moi l'espoir de vos vieux jours; et vous ne pensiez
point que ce fils, l'objet de toutes vos af-
fections, deviendrait l'objet de votre haîne
et de votre vengeance..... Vous qui fûtes
mon père, soyez-le encore de mon Théâgène; c'est votre sang qui coule dans ses
veines; n'étendez point sur lui votre colère : en mourant j'implore pour lui votre
pitié, et votre pardon pour son malheureux
père. »

A MON AMI.

« D'épaisses vapeurs s'élèvent du sein de

la terre, le ciel est couvert de nuages, un
sombre brouillard obscurcit et dérobe la
lumière, la nature semble enveloppée d'un
crèpe funèbre.

» Ma dernière heure a sonné.... je l'ai entendue.... je suis prêt.

» Le monde, que je vais quitter, me semble
abandonné au génie du mal : tout ce qui
est nécessaire à la vie peut produire la mort ;
les éléments sont dans une guerre perpé-
tuelle, et portent avec eux des causes de
destruction. L'air, lorsqu'il n'est plus en
équilibre, enfante ces tempêtes qui déra-
cinent l'arbre centenaire, et renversent la
demeure de l'homme ; l'eau, qui donne la
fraîcheur au vert gazon, devient un torrent
impétueux qui étend au loin la terreur et la
désolation ; le feu consume, en un instant,
les moissons, les cités et la terre qui
nourrit tous les êtres, ouvre quelquefois ses
entrailles pour les engloutir.

» Mon ami, je suis parvenu sur le sommet

de la roche, d'où je veux me précipiter dans
le torrent qui coule en mugissant à mes
pieds, et qui bientôt m'entraînera au fond
des noirs abîmes : ah ! d'où vient qu'étant
sur les frontières du royaume de la mort,
prêt à boire à sa coupe l'oubli de tous les
maux, que je détourne la tête avec effroi,
et que je jette tristement un long et dernier
regard sur ces champs fertiles, sur ces
riantes prairies, sur cette nature animée ?
Je vais déchirer de mes mains ce voile
impénétrable qui cache à mes yeux une
éternité heureuse : cruelle incertitude qui
me fait frémir, et qui ébranle un cœur
long-temps affermi par les chagrins et l'infortune !

» Être tout-puissant, mon dessein n'est
pas de braver ton pouvoir ; mais ma tête,
courbée sous le malheur, ne peut plus soutenir le fardeau qui l'accable ; Être miséricordieux, je m'abandonne à ta clémence....

» La tombe qui va me recevoir est ouverte

sous mes pas..... J'y cours avec ardeur.....
J'entends le chant mélodieux des oiseaux....
Ils chantent mon hymne funèbre.....

» C'en est fait !....»

Evélina, en apprenant le sort de son époux,
fut saisie d'une fièvre violente ; elle ne lui
survécut que de quelques jours, et, peu
d'heures avant sa mort, elle me conjura de
prendre soin de son enfant.

Le père de mon malheureux ami est à
présent livré à tout ce que le désespoir rassemble d'affreux ; son cœur navré de douleur, et déchiré de remords, a voulu réparer sa cruauté envers son fils, en répandant
ses bienfaits sur Evélina ; mais il était trop
tard. Quand la plante est desséchée dans ses
racines, l'eau dont l'arrose le jardinier est
répandue en vain. L'infortuné vieillard est
venu pleurer sur le berceau de cet enfant ; il
me l'a redemandé avec instance, mais je
vous avoue que je redoute l'instant où je
dois m'en séparer.

~~~~~~

LES DEUX AMIS.

Il est encore des êtres bons et généreux, capables de vouloir se sacrifier au bonheur des autres ; mais ils sont si rares, que l'on éprouve en les rencontrant la même sensation que le voyageur altéré qui, au milieu du désert, trouve une source limpide.

L'amitié, à présent, est considérée comme un commerce de plaisir, de convenance et d'intérêt, auquel le cœur n'a aucune part.

Cependant une fois, dans mes voyages, j'ai été témoin d'un trait de dévouement que l'on pourrait citer comme un exemple d'une amitié véritable ; je le raconterai à ma Sophie, à celle dont l'âme sensible est ouverte à tous les sentiments nobles et délicats.

Tous les habitants d'un hameau s'étaient rassemblés autour de leurs voisins, de leurs amis, de leurs frères, qui, appelés par le sort à défendre la patrie, le havre-sac sur le dos et le bâton à la main, se disposaient tristement à voler sous les drapeaux de la gloire ; déjà les sons bruyants des trompettes et les roulements des tambours enflammaient l'imagination du jeune homme, tandis qu'ils portaient l'effroi et le désespoir dans le cœur des mères et des amantes éplorées ; on allait donner le dernier signal du départ.

Une mère faisait éclater les marques de la plus vive douleur, et, pour la dernière fois, embrassait son fils qui n'était guère moins ému qu'elle, quoiqu'il s'efforçât de paraître tranquille pour la consoler; tandis qu'il s'arrachait de ses bras, un jeune homme perce la foule, s'approche de lui avec vivacité, et lui dit : « Vous ne partirez pas, mon cher Victor, vous serez l'époux de la

14

tendre Justine , dont votre absence eût causé la mort ; je vous ai trouvé un remplaçant.

»—Ah ! Charles , de quel espoir flatteur venez-vous aujourd'hui me bercer ? Je n'ai d'autres richesses que mes bras , vous le savez : comment pourrais-je m'acquitter envers celui qui exigerait sans doute beaucoup ?

»—Il n'exige rien : ce qu'il vous propose il le fait par amitié pour vous, et par amour pour la gloire.

» — Quel est cet homme généreux ? qu'il me soit permis de lui témoigner ma reconnaissance.

»—Vous voyez devant vous l'ami, le compagnon de votre enfance, et vous pouvez me demander quel est cet homme ! »

Victor , sans avoir la force de le remercier, se jette dans les bras de Charles , et le presse sur son cœur ; la mère de Victor répandait des larmes de joie et de reconnaissance, tandis que tout le monde considé-

rait les deux amis avec attendrissement.
«Jamais, s'écria Victor, je ne pourrai consentir à ce généreux dévouement; c'est l'a-
mitié seule qui vous l'inspire, et non pas
l'espoir de cueillir des lauriers; n'ai-je pas
été témoin que vous avez hier refusé des
sommes assez fortes pour acheter une ferme,
que vous offrait ce riche parvenu pour dé-
gager son fils, en vous suppliant de marcher
en sa place ?

» — Connaissez mon cœur, reprit Charles;
ce qu'il rougirait de faire par cupidité, il
est jaloux de le faire pour l'amitié et pour
la gloire. Vous avez une mère, des sœurs,
une amante; vous devez travailler pour les
rendre heureuses; mais moi qui n'ai point
de famille, et qu'aucun lien n'attache ici,
je cours me ranger sous les étendards de
l'honneur. »

Toutes les instances de Victor pour retenir Charles furent inutiles ; quand le
signal du départ fut donné, ils s'embras-
sèrent encore une fois, et se séparèrent

14..

peut-être pour toujours. Victor s'en re-
tourna triste et rêveur à sa chaumière,
tandis que Charles partit gaîment pour
l'armée, en répétant : «Les sacrifices les
plus pénibles, sont doux et faciles quand
on les fait pour son ami.»

LA FÊTE DES ÉPOUX.

Qui sont ces deux jolis enfants qui, en se tenant par la main, foulent aux pieds la bruyère d'un pas si léger ? On les prendrait pour l'Amour et l'Amitié cheminant ensemble.

Notre bon père était le petit-fils du vieillard Palémon...... Vous l'avez connu, sans doute ?

Cette réflexion ingénue me fit sourire, et je me rappelai aussitôt la surprise et l'indignation de ce conquérant orgueilleux qui, interrogeant un pâtre sur l'opinion qu'on avait de son génie et de ses victoires, reçut pour toute réponse : «Votre nom est ignoré dans ce hameau.»

«Aimables enfants, j'aperçois dans vos

14...

corbeilles des fruits et des fleurs : pourrait-
on savoir où vous allez d'un air si joyeux ?

» — Nous allons à la fête que donne M.
le baron d'Ehrlich ; là-bas, bien loin, où
vous apercevez un clocher. Oh ! c'est un
homme bien riche que M. le baron ; il est
seigneur de tout le village. »

On m'apprit que, sans m'écarter beaucoup de la route, je pouvais satisfaire le
désir que j'avais de revoir cet homme extraordinaire ; les enfants de Palémon devinrent mes guides : ils me dirent que ce
respectable vieillard était connu et chéri
du baron d'Ehrlich, qui ne manquait pas
autrefois de venir le visiter chaque année,
et qui avait paru bien affligé de sa mort,

Avant d'arriver au village, j'entendais
de loin des cris de joie et les sons confus
de plusieurs instruments champêtres. Nous
suivîmes une magnifique allée de sapins qui
nous conduisit à une place entourée de til-
leuls et de châtaigniers, parmi lesquels
étaient placés des bancs remplis d'une mul-

titude de spectateurs, tous en habits de
fête. Au milieu de la place, sur un tertre
élevé, paraissait un trône de verdure sur
lequel siégeait M. le baron ; et un peu plus
loin, à gauche, devant une table, l'on apercevait le bailli et le tabellion ; vis-à-vis, sur
des bancs de gazon élevés en forme d'amphithéâtre, étaient rangés divers joueurs
d'instruments.

Je traversai la foule pour m'approcher de
M. le baron ; il me reconnut d'abord, m'embrassa, et me fit asseoir à ses côtés.

« Vous n'ignorez pas, me dit-il, l'histoire
de la Rosière de Salency, et combien cette
belle institution a dégénéré : la rose qui devait couronner le front timide de l'innocence, a été flétrie par un souffle impur, et
ce qui était la récompense de la vertu, est
trop souvent devenu le prix d'une complaisance criminelle.

» La fête dont vous allez être témoin, et
que j'ai instituée, a lieu ici chaque année ;
on la nomme *la Fête des Époux.* Com-

ment pouvoir connaître parmi tant de jeunes filles, celle qui est la plus sage et la plus modeste? L'humble violette se plaît à l'ombre, tandis que le tournesol recherche l'éclat du jour...... J'ai pensé que je pourrais, avec moins de peine, découvrir parmi ces jeunes femmes celle qui, pendant une année, avait fait plus pour le bonheur de son mari, et j'ai voulu qu'elle seule obtînt la couronne de roses. C'est toujours au mari à me faire valoir les droits de sa femme; il me la présente, et c'est de mes mains qu'elle reçoit la récompense de la vertu; quand ce qu'il affirme paraît douteux, on consulte les voisines, et l'on s'en rapporte aux vieillards. Vous ne sauriez imaginer combien de ménages doivent à cette institution la paix et le bonheur dont ils jouissent!

» Le bailli va me présenter son rapport sur toutes les réclamations qui lui ont été faites par les maris qui croyaient leurs femmes en droit d'obtenir la couronne de rose. »

En promenant mes regards sur la foule
joyeuse, j'aperçus, appuyé contre un arbre,
le Barde, privé de la lumière, qui prélu-
dait sur sa guitare; son chien fidèle était
couché à ses pieds. Le Barde, en s'accom-
pagnant de la guitare, chanta les couplets suivants:

Si le malheur vous intéresse,
Gente bergère et beau pastour,
Écoutez des chants de tristesse,
Plaignez le sort du troubadour.

Ses yeux qu'a frappés le tonnerre,
Ne reverront jamais le jour :
Plus n'est de plaisirs sur la terre
Pour le malheureux troubadour.

Ne sait où reposer sa tête ;
Jadis avait brillant séjour ;
Joli enfants, épouse honnête,
Ce   aient les vœux du troubadour.

Ces jours si chers à sa mémoire,
Las ! sont envolés sans retour ;

Amitié, richesses et gloire
Ont délaissé le troubadour.

Jadis, dames de haut parage
Ne dédaignaient pas son amour :
Leurs cœurs éprouvaient doux servage
En écoutant le troubadour.

Princes et rois, avec grand zèle,
Demandaient qu'il vînt à leur cour :
A présent la mort qu'il appelle
Est tout l'espoir du troubadour.

Le baron, après avoir entendu les chants
du Barde, me dit avec vivacité: « Je mène-
rai ce troubadour au château d'Ehrlich ;
je veux qu'il y reste constamment avec
moi : le soir, au clair de la lune, je le
conduirai quelquefois sur la terrasse, et
il me rappellera les mœurs simples et
les faits d'armes des siècles de la cheva-
lerie. »

De bruyantes acclamations, parties à la
fois de tous côtés, annoncèrent l'approche

des femmes qui devaient concourir pour le prix : elles étaient au nombre de trois, vêtues en blanc, avec autant de simplicité que de décence ; leurs maris, qui les conduisaient par la main, les placèrent en face de M. le baron ; le bailli se leva, et, après avoir fait une profonde révérence, d'un ton pesant et emphatique, il prononça un discours sur les douceurs de l'union et sur les devoirs des maris et des femmes. L'histoire sacrée et l'histoire profane furent compulsées tour à tour. Le bailli, après avoir dépeint la vie simple des patriarches, leurs amours constants et leurs mœurs pures, cita Philémon et Baucis ; et, à travers une foule de digressions épisodiques, arriva enfin un rapport que l'on attendait avec impatience.

Le bailli eut soin de rajuster sa perruque et son rabat ; et, d'une voix élevée, il continua ainsi :

« M. le baron, il y a eu cette année, parmi vos vassaux, six mariages : trois des maris sont venus me trouver pour que leurs femmes fussent autorisées à concourir pour le prix; les trois autres ne se sont pas présentés.

» Le premier a épousé par intérêt une femme qu'il n'aimait pas autrefois, et qu'à présent il déteste.

» Le second a fait un choix contraire à la volonté de ses parents; et, après un mois de mariage, la haine a succédé à l'amour.

» Le troisième a pris une femme jeune et coquette dont il est jaloux, et avec laquelle il est toujours en dispute. Voulez-vous bien permettre, suivant l'usage établi, que les couples heureux, chacun à leur tour, fassent valoir leurs réclamations.? »

Le baron leur fit signe d'approcher; et l'un des époux, tenant sa femme par la main, parla ainsi :

« Chaque jour j'ai de nouveaux motifs de rendre grâce au ciel de mon union;

elle n'a pas encore été troublée par le plus léger nuage : la paix, la joie et l'abondance règnent dans mon ménage ; ma femme est enjouée, d'une humeur égale, et son amitié pour moi n'est pas au-dessous de l'amour que je ressens pour elle.» Il lui jeta un regard satisfait, et il se retira en disant : «C'est Elise qui mérite de recevoir la couronne de roses.»

Un autre époux s'avança avec sa femme, et, d'un air timide, il s'exprima à peu près en ces termes :

« Je suis né dans l'indigence, ma femme n'est pas plus riche que moi, et cependant nous sommes heureux ; chaque jour nous nous félicitons de notre sort, et ne portons pas envie à celui de nos voisins opulent. Elle est complaisante, laborieuse, propre, économe ; et, grâces à elle, je puis nourrir, avec une abondance frugale, mon père infirme et ma vieille mère ; tous deux la chérissent et la regardent comme leur enfant. Si j'ose en juger d'après mon cœur,

15

c'est ma chère Félicie qui recevra le prix des mains de M. le baron. »

Les spectateurs applaudirent, et formèrent des vœux pour Félicie ; le bailli leur imposa silence ; et le troisième époux amena sa femme qui, en rougissant, détournait la tête.

« Ne tremble pas, ma Clémentine, souffre, pour la première fois, que ton éloge soit fait en ta présence ; toi seule dois obtenir cette précieuse récompense accordée à l'épouse qui a contribué le plus au bonheur de son mari. Tu as tout fait pour le tien, et toi seule dans le village persistes à l'ignorer.

» M. le baron, j'ai été en butte aux coups les plus affreux du sort : la foudre a tombé sur ma chaumière ; elle a tué ma mère ; elle a réduit en cendres tout ce que je possédais au monde : j'étais au désespoir ; je voulais mettre un terme à ma vie. Clémentine, par sa patience angélique, par sa douceur, par sa résignation, et surtout par ses tendres caresses, a su ramener le calme dans mon cœur agité ; et c'est à elle seule que je dois la vie, la paix et le bonheur. »

Il pressa sur ses lèvres la main de Clémentine, et il alla se placer à côté de ses rivaux. On n'entendit aucun applaudissement, mais on vit couler des larmes de tous les yeux.

Le baron ému d'un spectacle aussi touchant, après un instant de silence, parla ainsi : « Aimable Cécile, sage Félicie, et vous, tendre Clémentine, vous avez toutes fait le bonheur de vos époux, et toutes avez des droits à la récompense ; mais une seule de vous peut l'obtenir. Quand le destin nous est propice, aussi long-temps que la fortune nous sourit, il est bien moins difficile de vivre en paix, et de goûter les charmes de l'union conjugale, que dans un état d'indigence, où l'on est tenté sans cesse de se faire des reproches et de s'accuser réciproquement des privations et des maux que l'on éprouve ; mais quel courage, quelle

15..

vertu ne faut-il pas avoir pour résister aux
coups du sort les plus cruels et les plus
imprévus? Soutenir le malheur avec résignation, arracher son époux au désespoir,
rendre le calme à son ame agitée ; c'est là le
comble du dévouement et l'héroïsme de
l'amour. Avancez, sensible Clémentine, et
souffrez que je pose sur votre front charmant cette couronne de roses, symbole de
la beauté et de l'innocence. »

De joyeuses acclamations se firent entendre, et se prolongèrent, tandis que Clémentine, conduite par son époux, s'avançait en rougissant, au pied du trône : le
baron en descendit, alla vers elle, lui
posa la couronne sur la tête, et lui dit, en
l'embrassant : « A la rose qui vous était
due, vous me permettrez de joindre une
bourse pour faire rebâtir votre chaumière :
ah! puisse-t-elle être toujours l'asyle de l'innocence et du bonheur! »

Après que le tabellion, sous la dictée du
bailli, eut dressé acte de ce qui s'était dit

et passé, on mit d'accord tous les violons,
les haut-bois et les clarinettes, et le bal
champêtre fut ouvert par Clémentine et
son époux, aux applaudissements de tous
les spectateurs.

« Ma Cécile, ma Félicie, disaient tendrement leurs époux, n'ont pas obtenu la
couronne de roses ; mais elles trouveront
toujours dans nos cœurs reconnaissants le
prix de leur vertu et de leur tendresse. »

Le baron d'Ehrlich était au comble de
ses vœux ; il visitait toutes les tables qu'il
avait fait servir avec une profusion rus-
tique, pour voir si rien ne leur manquait ; sa présence excitait tout le monde
à la joie ; il versait du vin aux vieillards,
s'entretenait avec eux, et il prenait un
soin particulier du Barde. Il lui fit promettre de venir habiter avec lui le château
d'Ehrlich.

« J'accepte votre offre avec des transports de reconnaissance, répondit le Barde ;
mais souffrez, M. le baron, que j'y mette
15...

une condition, sans laquelle je vous refuserais ; c'est qu'il me soit permis d'amener avec moi le seul ami que j'ai toujours trouvé fidèle, le seul être qui s'intéresse encore à moi.

» — Quel est cet ami généreux ?

» — Vous connaissez les hommes, et vous pouvez me faire cette question ! Vous le voyez, cet ami généreux qui ne m'a jamais quitté : viens mon pauvre Azor, viens, par tes caresses, témoigner ta reconnaissance à notre bienfaiteur.

» — J'invite Azor, s'écria le baron avec attendrissement ; j'invite le fidèle Azor. » Et Azor, entendant prononcer son nom, courut caresser le baron qui passa plusieurs fois la main sur sa tête.

« Mon ami, me répétait gaîment le baron, on me trouve bizarre, original ; moi, je réponds à ceux qui condamnent ma façon de vivre, que je suis heureux, et que chacun l'est à sa manière. »

Toutes les instances du baron ne purent

pas me décider à retourner avec le Barde
et lui, à son château : j'avais l'espérance de
revoir bientôt Sophie, et le moindre re-
tard m'aurait paru un siècle.

UNE SOIRÉE D'HIVER.

« L A neige tombe à gros flocons , un vent froid et piquant pénètre à travers les doubles portes ; approchons-nous de la cheminée solitaire ; et tandis que la flamme s'élève en petillant, jouissons avec reconnaissance du bonheur que le ciel nous a accordé.

« O ma Sophie ! tandis que je presse ta main dans la mienne, et que mes regards sont attachés sur les tiens, combien de voyageurs épuisés de lassitude, mourants de froid, étendus sur la glace au bord de l'abime, ferment leurs yeux appesantis pour ne jamais les rouvrir !

» A l'heure où je te parle, tandis qu'une douce chaleur circule dans mes veines,

peut-être que loin de sa famille, que loin
d'une amante chérie, un jeune infortuné
expire. L'obscurité l'a surpris; il s'est égaré;
ses membres, que le froid a glacés, se roidissent; après s'être épuisé en vains efforts,
il se couche au pied d'un rocher; il invoque
le ciel, ses yeux se mouillent de larmes; le
Sommeil, frère de la Mort, répand sur lui
ses pavots homicides.... Il ne se réveillera
jamais.

» Penses-tu à ce père de famille qui se
hâte de regagner le toit hospitalier, et qui
ne le retrouvera plus ? Le torrent, grossi
par la fonte des neiges en roulant du haut de
la montagne, l'a emporté dans son cours. Il
n'aperçoit aucun vestige de sa demeure; il
s'arrache les cheveux, il se tord les bras, et,
avec des cris lugubres, il appelle sa femme,
ses enfants : on ne lui répond pas; tout a
péri; il est resté seul sur la terre.

» Et cette jeune fille qui était allée à la
ville voisine, elle ne revient pas; elle s'est
égarée de sa route. Sa mère, ses frères, ses

jeunes sœurs, avec le dogue fidèle, la cherchent de tout côté..... Elle est enfin retrouvée. Ils répandent des pleurs de joie ; ils bénissent le ciel ; et nous, ma tendre amie, pourrions-nous jouir avec indifférence d'un sort si doux et qui n'est acheté par aucun danger, par aucune souffrance ? Quand nos regards s'arrêtent sur tant de malheureux qui font entendre autour de nous les accents plaintifs de la douleur, et les cris perçants du désespoir, pourrions-nous ne pas être pénétrés de reconnaissance envers celui qui a daigné nous accorder avec profusion tous les agréments et toutes les douceurs de la vie ? Oh ! combien le souvenir des maux que l'on a éprouvés ajoute encore au bonheur présent !

» Puis-je effacer de ma mémoire tout ce que j'ai souffert, lorsqu'après une longue absence, dans l'espoir de retrouver ma Sophie, j'osais me mettre en route par un temps semblable à celui-ci, seul, à pied et n'ayant d'autre guide que l'amour ?

»La terre était couverte de neige, et ne laissait apercevoir aucune trace de chemin : le vallon était de niveau avec la colline ; et les yeux fatigués ne pouvaient supporter l'éclat d'une blancheur éblouissante. Un froid perçant engourdissait mes membres, et ma respiration coupée par le souffle des vents du nord, formait des glaçons qui demeuraient suspendus à ma bouche. Je perdis bientôt la direction que je devais suivre ; je m'égarai, et de plus en plus j'enfonçai dans la neige, d'où je ne me retirai qu'avec de pénibles efforts. L'obscurité vint alors me surprendre. Mon courage m'abandonna ; je me reprochai mon imprudence, je crus que je ne reverrai jamais Sophie, je pressai son portrait sur mes lèvres, je l'arrosai de mes larmes, je répétai d'une voix défaillante le nom de Sophie, et j'invoquai le ciel avec ardeur. Ma prière fut entendue ; je découvris de loin une clarté ; elle devint mon guide. L'espoir rentra dans mon cœur ; je redoublai d'efforts, et j'arrivai presque mourant. à la porte d'une chaumière isolée. Le loquet s'ouvrit sous les efforts de ma main glacée, et j'entrai dans une grande chambre où plusieurs hommes se chauffaient devant un brasier ardent.

» Ils se levèrent avec précipitation, jetèrent sur moi des regards farouches ; et l'un d'eux s'avançant vers moi, me dit d'une voix terrible :

« Quel est ton dessein en venant parmi nous ?» Avant que je n'eusse le temps de répondre, un autre s'écria : « Sais-tu qui nous sommes ?

»—Je sais que vous êtes des hommes, répondis-je, le reste m'importe peu ; je me suis égaré en allant à la ville ; je suis exténué de lassitude ; je suis mourant de froid ; accordez-moi l'hospitalité pour une nuit.

»—Ta demande est pour nous une chose nouvelle. — As-tu beaucoup d'argent ?

» Je vis bien que le hasard m'avait conduit, tel que Gilblas, au milieu d'une bande semblable à celle que commandait le capitaine Rolando dans la caverne.

«Pour un voyageur tu n'as pas beaucoup d'argent ; ta bourse ressemble à celle d'un pèlerin.

» — Messieurs, c'est la bourse d'un poète.

» — Donne-moi ta montre ; elle me convient. Débarrasse-toi aussi de ce pesant manteau ; tu en seras plus alerte pour continuer ta route. As-tu quelques bijoux ? Remets-moi ce portrait qui est suspendu à ton cou...... Oh! la jolie femme ! les beaux yeux bleux !

» — Messieurs, je vous abandonne sans regret tout ce que je possède ; mais en grâce, ne me privez pas de ce portrait ; vous ne me l'arracherez qu'avec la vie.

» — Eh! bien, donne-nous seulement le cercle d'or et les diamants qui l'entourent : nous te laisserons le portrait. Tu vois que nous nous piquons de générosité : nous te faisons aussi présent de tes habits.

» — Mes camarades, s'écria celui qui paraissait être le chef de la bande, le voyageur se prête à tout de fort bonne grâce ;

16

après qu'il nous aura juré de ne point nous dénoncer, accordons-lui l'hospitalité; et qu'il apprenne que ses droits sont tenus pour sacrés, même parmi nous. »

Je pensais à Sancho-Pança qui, au milieu des bandouliers, s'écriait : «Il faut que la justice soit une bien belle chose, puisqu'elle se pratique même parmi les voleurs; » et moi, je me disais qu'il fallait que l'hospitalité fût un sentiment inné dans le cœur de l'homme, puisqu'on le retrouvait parmi les bandits.

« Que l'on nous serve à souper, et que l'on ait soin de bien traiter notre hôte. »

On apporta une énorme pièce de viande rôtie, et l'on couvrit la table de bouteilles de vin; chacun mangea avec grand appétit, et but à proportion.

« Nous sommes contents de toi, tu fais honneur à notre table, et tu n'as pas l'air de nous bouder.

»—Messieurs, je crois n'avoir qu'à me louer de vos procédés ; je vous regarde

comme de fort *honnêtes* aubergistes, qui
faites payer, l'hospitalité qu'ils accordent,
un peu cher, à la vérité ; mais j'ai dans le
cours de ma vie éprouvé des pertes bien
plus considérables, et je ne m'en suis jamais
plaint.

» — Nous sommes des chevaliers errants
qui courons les aventures.

» Nous sommes des oiseaux de proie qui
ne vivons que de rapine.

» Au moins nous déclarons franchement
qui nous sommes, et nous ne cherchons
pas à tromper sous le masque de l'honnête homme.

» — J'ai rencontré quelquefois de plus
grands voleurs qui ne se piquaient pas de
tant de sincérité.

» — Tu dois être fatigué de la route que
tu as faite aujourd'hui ; voilà des planches,
couche-toi sur ce lit de camp. »

J'y dormis paisiblement sur la foi de
l'hospitalité ; et, le lendemain, aussitôt que
le jour parut, je pris congé de mes hôtes.

16..

Leur chef me conduisit près de la grande
route, et il me dit en me quittant : « Je
suis fâché que nous nous soyons conduits
si mal envers toi ; mais il faut bien que chacun vive de son métier ; et, si j'avais voulu
agir avec plus de générosité, mes camarades
n'auraient pas manqué de murmurer haute-
ment.

» — Vous m'avez sauvé la vie, et vous ne
m'avez pas enlevé ce portrait précieux,
comptez autant sur ma reconnaissance que
sur ma discrétion. »

J'apercevais de loin, à travers un brouillard épais, les tours et les clochers de la
ville où j'avais l'espoir de trouver ma Sophie. Dieu ! qu'il tardait à mon impatience
que j'eusse traversé toutes ces fortifications,
ces glacis, ces ponts, ces barrières, ces
portes ! Comme cette rue, tirée au cordeau,
me paraissait longue ! Comme cette place
était déserte ! Cette ville semble bien grande
à l'ami qui cherche une amante dont il a été
depuis si long-temps séparé !

C'est ici que Sophie m'attend..... Je me précipite dans son appartement, je tombe à ses genoux; le silence est l'interprête de nos cœurs, nos soupirs se confondent, des pleurs coulent de nos yeux......

« Ah! Sophie, que ces pleurs avaient de charmes!

» A présent tous mes vœux sont remplis; le ciel, qui s'est plu à former notre union, a aussi pris soin de notre bonheur: oh! ma Sophie! mon sort avec toi est bien doux; mais sachons encore embellir le présent des souvenirs du passé, et des illusions de l'avenir; voilà ce que nous enseigne *la Philosophie du Cœur*.

F I N.

TABLE.

FIN DE LA TABLE.

.

www.ingramcontent.com/pod-product-compliance
Lightning Source LLC
Chambersburg PA
CBHW072025080426
42733CB00010B/1815